Lesefreunde 3

Ein Lesebuch
für die Grundschule

Herausgegeben von
Irene Hoppe

Erarbeitet von
Marion Gutzmann
Irene Hoppe
Alexandra Ritter
Michael Ritter
und der Verlagsredaktion

Cornelsen

Inhalt

In der Schule

Klasse 3 –
wir sind dabei!
Lesend neue Welten sehn,
fragen, forschen und verstehn.
Lesefreunde sein ist schön.

Schwerpunkt-Kompetenzen:
- Lesestrategien beim Lesen nutzen: Textstellen klären
- ein Kinderbuch selbst auswählen und vorstellen

Ferienfundstücke

Meine Ferienfundstücke – das sind neun Schneckenhäuser.
Ich habe sie im Garten gefunden, als ich Fußball spielte.
Am besten gefällt mir die braune Schnecke
mit dem weißen Muster.
In unserem Garten gibt es sehr viele Schnecken.
Sie fressen die Pflanzen und klettern an Mauern hoch.

Alexander

Wisst ihr, wo dieser kleine Stein herkommt?
Er kommt von einem Berg in den Alpen.
Dieser Berg heißt Petzeck und ist 3 283 m hoch.
Bei unserer Wanderung mussten wir über einen Gletscher laufen,
der aber leider nur noch sehr klein war.
Oben gibt es diese Steine, die so schön schimmern.
Einen habe ich als Andenken mitgenommen.

Lynn

Ich bin mit meiner Familie an der Ostsee gewesen.
Dort sind wir an der Kreideküste entlanggelaufen.
Auf dem Weg haben wir 131 Donnerkeile* gefunden.
Donnerkeile sehen aus wie längliche Steine
mit einer Spitze. Sie sind orange und
haben ein kleines Loch in der Mitte.
Die Donnerkeile sind sehr glatt.

Finn

* *Bezeichnung für versteinerte Teile von Kopffüßlern*

Ich konnte mein Fundstück leider nicht mitbringen.
Aber ich habe ein Foto davon gemacht.
Wir waren an einem See in Italien.
Dort gab es ganz viele kleine Eidechsen.
Sie haben sich auf dem Weg gesonnt.
Wenn ich aber näher gekommen bin,
sind die Eidechsen schnell weggehuscht.

Wilma

Suche die Erklärung für das Wort **Donnerkeil**.

Welches Ferienfundstück hast du mitgebracht?
Erzähle oder schreibe.

So kannst du Wörter klären, die du nicht verstehst

Beim Lesen hilft dir der Lesefaden, unbekannte oder schwierige Wörter zu klären.

Tipp 1: im Text nachlesen

Lies den Abschnitt, in dem das unbekannte Wort steht. Oft findest du dort eine Erklärung.

Überlandbus Numm
Abfahrt um 13 Uhr

Tipp 2: Fußnoten nutzen

Manchmal werden schwierige Wörter mit einem Sternchen gekennzeichnet: *
Das Wort wird dann unterhalb des Textes erklärt. Dies nennt man eine ▸ Fußnote.

Kost und Logis*.

** sprich: Lohschi = Unterkunft*

Tipp 3: das Wort nachschlagen

Die Erklärung für unbekannte Wörter findest du oft am Ende des Buches in einem Glossar.
Das ist das Zeichen: ▸ ______, zum Beispiel ▸ Glossar.
Du kannst die Wörter auch im ▸ Internet oder in einem ▸ Lexikon nachschlagen.

aus dem ▸ Lexikon.

Tipp 4: bei Expertinnen/Experten nachfragen

Du kannst ein Partnerkind, deine Lehrerin oder deine Eltern fragen, wenn du die Bedeutung eines unbekannten Wortes wissen möchtest.

Einladung in die Geisterschule

Düsterwald im August,
in dunkler Nacht und sehr spät

Sehr geehrte Familie Rettich,

herzlichen Glückwunsch. Sie wurden ausgewählt!
Hiermit erhält Freddy Rettich ein Stipendium
für das neu gegründete Internat

Burg Blauzahn

Das bedeutet: Noch in diesem Jahr kann Freddy
den Unterricht besuchen.
Völlig umsonst und ohne Bezahlung.
Samt Kost und Logis*.
Unterrichtsbeginn ist am 1. September.
Wir bitten unseren Schüler, sich am Vorabend
mit ausreichendem Gepäck auf der Burg einzufinden.

Eine Begleitung ist nicht vonnöten.
Von Pimpelhausen aus kann Freddy mit dem
Überlandbus Nummer 13 bis zur Endhaltestelle fahren.
Abfahrt um 13 Uhr am Bahnhof Pimpelhausen.
An der Endhaltestelle wird Freddy erwartet
und zur Burg gebracht.

Hochachtungsvoll
Die Leitung des Internats
des Grafen Blauzahn

Barbara Rose

* *sprich: Lohschi = Unterkunft*

Erkläre das Wort **Stipendium**. (→ **Lesefaden**: Schritt 2)
Nutze dazu den Text und die Erklärung aus dem ▸ Lexikon.

Zwei Stifte

Ein Bleistift und ein Farbstift stritten sich, wer von ihnen wichtiger sei. Um zu zeigen, was er konnte, zeichnete der Bleistift ein Ruderboot, ein Segelschiff, ein Floß, ein Kanu, einen Dampfer. Der Farbstift, der ein Blaustift war, malte ein Meer nach dem andern.

Als die beiden müde, durstig und fast stumpf geworden waren, sagte der Farbstift: „Zeichne mir ein Glas, lieber Bleistift, damit ich mein Wasser hineinmalen kann.“
„Hast du etwas dagegen, wenn ich zwei Gläser zeichne?“, fragte der Bleistift.

Jürg Schubiger ◈

Welche Überschrift passt auch zum Text?
(→ **Lesefaden**: Schritt 3)
Sprecht über die vier Vorschläge in der Lesekonferenz:

- Ein Farbstift in den Ferien
- Jeder ist wichtig
- Zwei Stifte haben großen Durst
- Meer und mehr

Lesestrategien nach dem Lesen nutzen: zentrale Aussagen erfassen und wiedergeben

Die Brücke

Worte Worte Worte
Worte Worte Worte Worte
Worte Worte
Worte Worte
Worte Worte
ICH Worte Worte DU

Renate Welsh

Die Wand

Lächeln …
Lächeln
Lächeln
ICH DU

Worte
Worte
Worte
Worte
Worte
Worte
Worte
Worte
Worte
Worte
Worte
Worte
Worte
Worte
Worte
Worte
Worte
Worte
Worte
Worte
Worte
Worte
Worte
Worte
Worte
Worte
Worte
ICH Worte DU

Renate Welsh

- Welche Wörter können eine Wand bilden? Welche Wörter können eine Brücke sein? Finde gemeinsam mit einem Partnerkind Beispiele.
- Denkt euch ein neues Brücke-Gedicht oder Wand-Gedicht aus. Nutzt eure Wörter.

Ein schlimmer Tag für Moritz

Moritz, neun Jahre alt, ist ein Träumer. Dabei vergisst er oft die Zeit. Und weil er auch noch gründlich ist, dauert bei ihm alles länger, als es die Erwachsenen gerne sehen. Seine Eltern und seine Schwestern sind immer in Eile – ihnen raubt Moritz den letzten Nerv. Und auch der Lehrer ist mit Moritz ganz unzufrieden …

Einmal kam wieder so ein Tag, da ging schon am Morgen alles schief. Die drei Schwestern von Moritz, deren Namen Suse, Salome und Sina waren, hackten vor der Badezimmertür wie die Hühner auf Moritz herum, weil er angeblich zu lange trödelte. In der Schule kam Moritz zu spät. Herr Geiger war gerade dabei, Mathearbeiten zurückzugeben. Er sagte nichts, sondern überreichte Moritz sein Heft. Alles richtig, aber nur die Hälfte der Aufgaben geschafft. Also eine Vier. Die dritte im Monat. Vieren tun weh. „Moritz. Morgen bringst du die Unterschrift von deinem Vater, ist das klar?“ Herr Geiger sagte es etwas ungemütlich.

In der fünften Stunde war Zeichnen. Thema: Ein Sommertag. Moritz malte eine Waldwiese, auf der viele Vögel herumsaßen. Einige trugen Zylinderhüte*, andere Sommerhüte mit Blumen drauf. Vom Himmel leuchtete eine gemütliche Sonne herunter, mit Haarlocken und Brillenaugen. Moritz machte das Malen richtig Spaß.

Frau Blaschke zwängte sich durch die Reihen und nahm die Zeichnung hoch. „Sonne mit Ohren und Vögel mit Hüten, das gibt es nicht. Was soll dieser Quatsch, Moritz?“ So viel Pech an einem Tag. **Ganz elend war Moritz zumute.** Er musste jetzt allein sein.

Moritz ging in den Park. Dort am Teich konnte man ruhig ins Wasser starren und an nichts denken. Moritz kletterte auf den dicken Stamm der Weide, der sich übers Wasser neigte.

Dann holte Moritz das Matheheft aus der Mappe und blätterte darin. Er schaukelte das Heft zwischen den Fingern und ließ es plötzlich los. Ein großer Schwan stürzte sich darauf und zottelte es hin und her, als wollte er es umblättern.

Und in einer Anwandlung, die sich Moritz später selber nicht mehr erklären konnte, warf er das Mathebuch hinterher. Zuletzt noch die Zeichnung.

Moritz stromerte noch etwas durch den Park. Gegen halb fünf kam er zu Hause an, wie immer.

Christa Kožik ◇

* *hohe schwarze Hüte*

Noten, Noten …

Hab ich eine Fünf gebaut,
schimpfen meine lieben Eltern
ziemlich lang und reichlich laut.

Schreib ich aber eine Zwei,
fragen die aus meiner Klasse,
ob ich wohl ein Streber sei.

Am besten, alle Noten
würden streng verboten!

Paul Maar

- **Ganz elend war Moritz zumute.** Was bedeutet das? Erkläre. (→ **Lesefaden**: Schritt 2)
- Was denkt Paul Maar wohl über Noten? Suche dazu eine Stelle im ▸ Gedicht.
- Was denkst du über Noten? Stelle deine Meinung in der Klasse vor.

Der schönste erste Satz

Der erste Satz im Buch ist der wichtigste. Man soll neugierig werden und weiterlesen. Es gibt viele Kinderbücher, die schon so oft gelesen oder vorgelesen wurden, dass man sie gleich am ersten Satz erkennt.

1 Auf Burg Eulenstein hauste seit uralten Zeiten ein kleines Gespenst.

2 Mr. und Mrs. Dursley* im Ligusterweg Nummer 4 waren stolz darauf, ganz und gar normal zu sein, sehr stolz sogar.

3 In der Nacht, als Ronja geboren wurde, rollte der Donner über die Berge, ja, es war eine Gewitternacht, dass sich selbst alle Unholde, die im Mattiswald hausten, erschrocken in ihre Höhlen und Schlupfwinkel verkrochen.

4 Es war Samstagmorgen, und Herr Taschenbier saß im Zimmer und wartete.

** sprich: Dörsläj*

A 

B 

C 

D 

Ordne die ▸ Buchcover passend zu.

Welches Buch würdest du zum Lesen auswählen? Begründe.

- Kinderliteratur kennen: Werke, Autorinnen und Autoren, Figuren, Handlungen
- ein Kinderbuch selbst auswählen und vorstellen

AH S. 5
Lösung S. 197

Ein Guckloch in dein Buch

Hast du gerade ein Buch gelesen oder ein Hörspiel gehört? Dann kannst du das Buch deiner Klasse in einem **Guckloch** vorstellen.

So entsteht dein Guckloch:

- Falte ein DIN-A4-Blatt in der Mitte zu einem Heft.
- Schneide auf der Vorderseite einen Kreis (das Guckloch) aus.
- Notiere deinen Namen, den ▸ Titel des Buches und den ▸ Autor oder die ▸ Autorin.

- Klappe das Heft auf.
- Schreibe auf die linke Seite den ersten und letzten Satz deines Buches.
- Male auf die rechte Seite in den großen Kreis ein Bild zu deiner Lieblingsstelle.
- Schreibe einen Satz zum Bild.

Ergänze die Rückseite:

- Hast du das Buch selbst gelesen, als Hörspiel gehört oder wurde es dir vorgelesen?
- Wie findest du das Buch?
- Wie viele Sterne gibst du dem Buch?

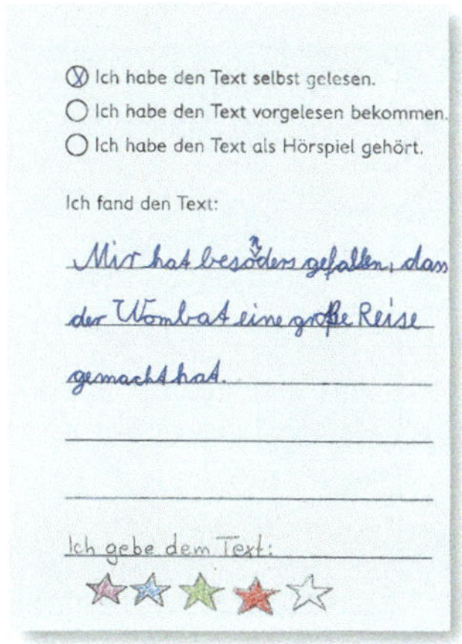

Kleiner Unsinn

Wer**nicht**richtig**lesen**kann
fängtnochmalvonvornean
dennichschreibehierdieworte
andersalsmanseuchgelehrt
zwarnichtunbedingtverkehrt
sonderneinfachaneinander
dassmansienichtgleicherkennt
auchwennihrdasunsinnnennt
docheinkleinerunsinnmacht
dassmangerndarüberlacht.

Gottfried Herold

Beschwörungsformel

Drachenrachen, ◎ ◎ ◎,
Krümelmonster, krummer Hund,
Hexenkessel, ◎ ◎ ◎ –
Unterricht soll heut ◎ ◎ ◎!

Gerda Anger-Schmidt

entfallen

Katzenkrallen

Höllenschlund

Comic

1. Übung zur Segmentierung
2. Übung zum Aufbau der Sinnerwartung
3. Übung zum Überprüfen der Sinnerwartung

Lösungen S. 197

Brich dir mal die Zunge

Dreiunddreißig Drittklässler aus Dresden drehten dreizehn drollige Dromedare aus Draht.

Hundert hungrige Hunde hetzen hechelnd von der Hundeschule nach Hause.

Knobelei

Wer sitzt neben Timmi: Elisa, Sophie oder Maja?

Timmi sagt: „Das Mädchen, das neben mir sitzt, mag am liebsten Mathe. Das Mädchen lacht ganz viel und spielt am liebsten Fußball."

Elisa ist eine tolle Schülerin. Sie liebt Mathe. Am Nachmittag geht sie immer zum Judo.

Sophie ist ganz lustig. Sie liest am liebsten Fußballbücher. Rechnen mag sie überhaupt nicht gerne.

Maja ist meistens fröhlich. Sie ist die beste Fußballerin in der Klasse. Maja kann die schwersten Matheaufgaben lösen.

Schul-Abc

A – rb tsh ft
B – Bl st ft
C – C mp t r
D – D s nd kt t
E – rst St nd

F – F lzst ft
G – G d cht
H – H s fg b nh ft
I – nt r kt v T f l
J – J ck nh k n

1. Übung zur Segmentierung
2. Übung zum Überprüfen der Sinnerwartung
3. Übung zum Aufbau der Sinnerwartung

Lösungen S. 197

Als ich mal ein Referat halten musste

Einmal musste ich ein Referat* halten.
Mein Referat ging über Tiger.
Tiger stehen unter Tierschutz, las ich.

Ich wollte nicht von allen Tigern erzählen.
Sondern nur vom Java-Tiger.
Im Internet stand, dass der ausgestorben ist.
Aber vielleicht haben sich noch ein paar versteckt,
die das nicht wissen.

Ich war ein bisschen aufgeregt.
Wie ich da vor der Klasse stand, fühlte ich schnell,
ob mein Hosenstall zu war und ich keinen Popel an der Nase hatte.
Sonst würden alle nur auf meinen Hosenstall und den Popel gucken.

Alle saßen still da und hörten zu.
So gehörte es sich auch.
Wär ja doof, ein Referat für Leute zu halten, die einfach vorbeigehen.
Die würden immer nur ein Stückchen von meinem Referat hören.

Ich sagte, dass ich Bilder zeigen würde, aber
natürlich keinen Java-Tiger mitbringen konnte,
weil der ausgestorben ist.

Als ich fertig war mit meinem Referat und die Bilder
gezeigt hatte, ging die Klassentür auf
und ein ausgestorbener Tiger kam rein.

Ein Java-Tiger.
Ich erkannte ihn sofort.

Er kam zu mir und setzte sich neben mich.
Er hat mir nichts getan.
Man kann ja nichts mehr tun, wenn man ausgestorben ist.

Alle Kinder und auch meine Lehrerin schrien
und rannten aus der Klasse.
Ich rief: Kommt zurück! Er tut nichts!

Aber sie trauten sich nicht.
Ich stand allein in der Klasse.
Mit dem Java-Tiger.
Der sagte zu mir: Vielen Dank, Mensch.

Ich konnte ihn gut verstehen.
Er sagte das nämlich nicht auf Javanisch.
Er sagte:
Das war ein tolles Referat.
Es tut gut, wenn noch jemand von dir redet,
wo andere sagen, du bist ausgestorben.
Vielleicht gibt es mich nicht mehr,
aber wenn du von mir redest
und an mich denkst, gibt es mich eigentlich schon.

Dann ging er weg.
Und alle Kinder und auch meine Lehrerin kamen wieder rein.
Die Lehrerin fand mein Referat sehr gut.
Angst hatte sie nicht mehr.
Angst hatte keiner mehr.

Alle durften mir Fragen stellen.
Aber es mussten schon Fragen
über den Java-Tiger sein.

Und dann durften wir draußen spielen.

Joke van Leeuwen

* *einen Vortrag*

Wähle eine Textstelle aus, mit der du andere neugierig machen willst.

Bereite die Textstelle als Lesevortrag vor.

- Text- und andere Medienangebote begründet auswählen
- selbst gewählte Texte zum Vorlesen vorbereiten und sinngestaltend vorlesen

Was Hunde lernen

Warum gehen Hunde in die Schule?

Auch Hundekinder gehen in die Schule.
Sie lernen dort die wichtigsten Regeln
im Umgang mit Menschen und anderen Hunden.
Ein Hund, der eine Hundeschule besucht hat,
hört auf seine Besitzerin. Aber auch die Besitzer lernen,
wie sie am besten mit ihrem Hund umgehen.
Zum Abschluss muss der Hund eine Prüfung ablegen
und bekommt ein Zeugnis.

Klassen in der Hundeschule

Die Hunde werden nach
ihrem Alter in Klassen eingeteilt.
Das ist wie in unseren Schulen.

1. Klasse: Welpen
(3–6 Monate alt)

2. Klasse: Junghunde
(6–8 Monate alt)

3. Klasse: fortgeschrittene
Junghunde (8–12 Monate alt)

Ein Tag in der Hundeschule

1. Stunde: Gehorchen
Die Welpen müssen die Befehle
„Platz!“ und „Bei Fuß!“ einüben.
Sie lernen auch zu kommen,
wenn man sie ruft.

2. Stunde: Umweltkunde
Die Welpen gewöhnen sich
an ihre Umwelt und lernen,
Hindernisse zu umgehen.

3. Stunde: Sport
Die Welpen toben durch einen
Tunnel. Sie haben Spaß an der
Bewegung und lernen, ihrem
Besitzer zu vertrauen, auch
wenn sie ihn nicht sehen.

ottos mops

ottos mops trotzt
otto: fort mops fort
ottos mops hopst fort
otto: soso

otto holt koks*
otto holt obst
otto horcht
otto: mops mops
otto hofft

ottos mops klopft
otto: komm mops komm
ottos mops kommt
ottos mops kotzt
otto: ogottogott

Ernst Jandl

* *Koks = Kohle*

Sitz!

Ein Herr mit Namen Schmitz,
der sprach zu seinem Spitz:
„Fritz,
sitz!“

Der Spitz mit Namen Fritz
hielt das für einen Witz
und flitz-
te blitz-
schnell

weg.

Manfred Schlüter

Zeugnis für Milo

Das kannst du schon:

- ☑ Bei Fuß!
- ☑ Sitz!
- ☐ Platz!

Wähle einen Text. Lies den Text.

Tausche dich mit anderen in einer Lesekonferenz aus:
- Warum hast du den Text ausgewählt? Begründe.
- Was hast du im Text über Hunde erfahren? Erzähle. (→ **Lesefaden**: Schritt 3)
- Welche Information ist besonders interessant?
- Welche Textstelle findest du witzig? Warum?

Ich fand **ottos mops** witzig, weil ...

- Text- und andere Medienangebote begründet auswählen
- Lesestrategien nach dem Lesen nutzen: Textinhalt wiedergeben
- eigene Gedanken zu Texten entwickeln, zu Texten Stellung nehmen und sich mit anderen austauschen

Schulwitze

die Kängurus
hat verloren
er schimpft

Die Lehrerin fragt:
„Saskia, wo findet man Kängurus?“
Antwortet Saskia:
„Na ja, da, wo man sie verloren hat.“

„Fünf Mal bist du in dieser Woche schon zu spät gekommen, Moritz“, schimpft der Lehrer.
„Weißt du, was das bedeutet?“
„Dass heute Freitag ist?“, fragt Moritz.

Ute Löwenberg

Partnerlesen

Suche dir ein Kind zum Partnerlesen.

1 Lest mehrmals abwechselnd die Wörter im Kasten. Ihr könnt beim Lesen mit einem Stift oder dem Finger mitzeigen.

2 Lest den Text gemeinsam halblaut vor.

… „Saskia, wo findet man Kängurus?“
Antwortet Saskia: …

3 Lest abwechselnd den Text. Tauscht die Farben. Lest noch einmal. Ihr könnt euch auch aufnehmen.

4 Tauscht euch aus. Wie könnt ihr den Text jetzt lesen?

Ich würde dir ★★★ geben. Wie war es bei mir?

Sterne kannst du im **Das kann ich schon-Heft** vergeben.

Neue Klingeltöne für die Schule

die Löwengebrüllklingel
die Lautsprecher
die Wasserduschklingel
der Wasserstrahl

Die Klingeltöne in der Schule sind meistens immer gleich und langweilig. Hier einige Vorschläge für neue Klingeltöne:

Die Löwengebrüllklingel

Ein Löwengebrüll kündigt die große Pause an.
Alle haben großen Hunger und freuen sich
auf ihr Pausenbrot wie die Löwen.

Die Musikklingel

Wunderbare Musik schallt aus den Lautsprechern.
Sie ist nicht nur eine Einladung dazu,
dass wir in der Pause tanzen können,
sondern erinnert uns auch daran,
dass die Stunde danach die Musikstunde ist.

Die Wasserduschklingel

Manchmal ist man müde. Man sitzt auf seinem Platz
und könnte einschlafen. Plötzlich ist die Stunde vorbei.
Ein Wasserstrahl kommt von der Decke und macht uns alle nass.
Das ist das Zeichen für die Pause.

Erwin Grosche

- Übe mit einem Partnerkind, den Text flüssig vorzulesen.
- Erfindet weitere Klingeltöne.
  Nehmt euch auf und lasst die anderen raten.

Lesefreuden aus dem Koffer

Liest du viel und
reist du viel,
siehst du viel und
weißt du viel.

Volksmund

- Gestalte einen Buchtipp im Koffer.
  Was packst du für die Reise noch ein?
  Fotografiere deinen Buchtipp.
- Tausche dich mit Freundinnen und Freunden zu den Fotos aus.

Im Herbst

Wie Abschied nehmend,
vom Spätherbstwind getrieben,
winken Schilfgräser
im Kanon der kalten Winde.
Ade! Ade! Ade!

Machi Tawara

Schwerpunkt-Kompetenzen:
- Informationen ermitteln: explizit angegebene Informationen finden
- selbst gewählte Texte zum Vorlesen vorbereiten und sinngestaltend vorlesen

So kannst du Informationen in Texten finden

Schritt 1: den passenden Text suchen

Erkläre, wonach du suchen willst.
Lies die Überschriften der Texte.
Entscheide, welcher Text passen könnte.

Schritt 2: sich orientieren

an (Zwischen-) Überschriften

Lies die (Zwischen-) Überschriften.
Entscheide dich für den Text
oder den ▸ Abschnitt, in dem du
die Information vermutest.
Lies diesen Text oder
diesen Abschnitt genau.

Der größte Apfel der Welt

Der bisher größte Apfel der Welt kom

an Bildern

Sieh dir die Bilder an.
Entscheide dich für
die Stelle, in der du
die Information vermutest.
Lies die Stelle genau.

Schritt 3: passende Wörter suchen

Überfliege den Text.
Rutsche mit den Augen
von Zeile zu Zeile.
Suche passende Wörter.

Der Apfelbaum

Der Apfelbaum, das ist ein Mann!
Kein andrer gibt so gern wie der.
Im Winter, wenn man schüttelt dran.
Da gibt er Schnee die Fülle her.
Im Frühling wirft er Blüten nieder,
Im Sommer herbergt er die Finken;
Jetzt streckt er seine Zweige nieder,
Die voller Frucht zur Erde sinken.
Drum kommt! und schüttelt, was ihr könnt,
Ich weiß gewiss, dass er's euch gönnt.

Robert Reinick

Der größte Apfel der Welt

Der bisher größte Apfel der Welt kommt aus England.
In einer Landwirtschaftsausstellung präsentierte
ein Bauer einen Apfel mit einem Umfang von 53 cm.
Das ist ungefähr die Größe eines Kinderkopfes.
Der Apfel wog 1,9 kg, also fast zwei Kilo.
Einen halben Liter Apfelsaft könnte man daraus pressen
oder einen ganzen Kuchen damit belegen
oder Apfelkompott für die ganze Familie kochen ...
Aber stellt euch vor, jemand hätte unter dem
Apfelbaum gestanden und diesen Apfel
auf den Kopf bekommen.

nach Annemarie Quehl und Rosemarie Krichbaum-Steuber

Orientiere dich an den Überschriften.
In welchem Text findest du die Antwort zu folgender Frage:
Aus welchem Land kommt der größte Apfel der Welt?

Postkarte

Ich schicke dir ein Herbstgedicht
von überreifen Birnen.
Um Äpfel, Pflaumen geht es nicht:

Dies ist ein reines Birngedicht,
so tief im Laub und gelb im Licht,
so schwer, dass hier die Zeile bricht.

Jürg Schubiger

ein blatt

in der luft
fällt nicht
will nicht
fallen

es hängt
an einem
glänzend
geraden

s
p
i
n
n
w
e
b
faden

Arne Rautenberg

In welchem Text geht es um den Blätterfall?
Überfliege die Texte. Suche passende Wörter.

Wähle ein ▸ Gedicht aus.
Wie kannst du das Gedicht sprechen? Probiere es aus.
Du kannst deinen Vortrag auch aufnehmen.

- Informationen ermitteln: explizit angegebene Informationen finden
- selbst gewählte Texte zum Vorlesen vorbereiten und sinngestaltend vorlesen

Im Herbst

Der Tausch

Mein Sohn Matthes schenkte mir eine Hagebutte.
Sie glänzte wie ein Osterei, das mit Speckschwarte
eingerieben wurde.
Ich schenkte Matthes das Foto von einem Damhirsch.
Matthes war glücklich, und ich war glücklich.
Das Hirschfoto hängt über Matthes' Bett.
Die Hagebutte schmückt meinen Schreibtisch;
sie liegt da und glänzt und sagt, wenn ich hinseh:
Vergiss nicht, der Herbst hat Freuden,
mein Lieber!

Erwin Strittmatter

- In welchem Text geht es um eine Herbstfrucht?
Orientiere dich an den Bildern.

- Lege ein Herbstblatt unter ein Papier und reibe mit einem Buntstift darüber.
Schreibe oder male deine Herbstfreuden auf das Blatt.

Immer windiger – immer länger

Wind	Wind	Wind	Wind
Windrad	Windkraft	Windhund	…
Windradpark	Windkraftwerk	…	…

Witz im Herbst

„Milla, komm sofort von
meinem Apfelbaum herunter,
sonst sag ich es deinem Vater!“
„Sie können es ihm gleich sagen.
Er sitzt drei Äste über mir.“

Welches Wort passt nicht dazu?

Sonnen – blume / baum / strahl	Regen – wurm / haufen / wetter	Apfel – kern / baum / stein	Blätter – haufen / dach / fenster

Baum gesucht

D U C
Qu J G S M B
P F V K W X
T L I Y Z E

Hier fehlen fünf Buchstaben des Alphabets. In der richtigen Reihenfolge zusammengesetzt, erhältst du den Namen eines Laubbaumes.

1. Übung zur Segmentierung
2./3. Übung zum Überprüfen der Sinnerwartung
4. Übung zum Aufbau der Sinnerwartung

Lösungen S. 197

Drei Herbsträtsel

1 Ein Häuschen mit fünf Stübchen,
drin wohnen braune Bübchen.
Nicht Tür noch Tor führt ein und aus,
wer sie besucht, verzehrt das Haus.

Volksgut

2 Groß wie ein Haus,
klein wie eine Maus,
stachlig wie ein Igel,
glatt wie ein Spiegel.

Volksgut

3 Es trippelt ums Haus.
(Komm doch mal raus!)
Es klopft ans Fenster.
(Sind das Gespenster?)
Es trommelt aufs Dach.
(Schau doch mal nach!)
Es kommt nicht herein.
Was mag das sein?

Volksgut

Kürbis
Regen
Apfel
Sturm
Kastanie

Laternenlied

Abends, wenn es dunkel w
und die Fledermaus schon schwirrt,
gehn wir mit Laternen aus
in den Garten hinterm H
und im Auf- und Niederwallen
lassen wir das Lied er:
Laterne, Laterne,
Sonne, Mond und St.

Heinrich Seidel ◇

Vorwärts und rückwärts lesen

NEBEL BEI SIEBLEBEN

1. Übung zum Aufbau der Sinnerwartung
2. Übung zum Überprüfen der Sinnerwartung
3. Übung zur Segmentierung

Lösungen S. 197

Besuch vom Oktoberwind

Heute Morgen hat der Wind
in den Linden geblättert,
durch die Wäsche geleint,
über die Kleider gebügelt,
in den Ohren gesaust,
durch die Köpfe getüchert,
zwischen den Augen gebraut,
in den Federn gehaltert,
durch die Küche geschürzt,
im Kamin gegittert,
an der Treppe geländert,
über die Dielen gebrettert,
ins Wasser gelacht
und hat sich dann leise, ganz leise,
wolkenaufplusternderweise
heimlich wieder
aus dem Staub gemacht.

Ursel Scheffler

Eugen Gomringer

Im Herbstwind zappeln
die Blätter der Pappeln.
Aufgeregt wirken
die Blätter der Birken.
Der Wind hat versprochen:
Bald seid ihr frei.
Dann bringe ich euch
das Fliegen bei.

Frantz Wittkamp

AH S. 8

Südamerikanischer Windvogel

1 Zuerst knüllst du eine Zeitungsseite fest zu einer Kugel zusammen.

2 Dann schneidest du aus Krepppapier ein ungefähr 25 cm x 25 cm großes Stück aus.

3 Mit dem Krepppapier packst du nun die Zeitungskugel wie in ein Säckchen ein, das du oben mit einer Schnur zubindest. Die Schnur soll an einer Seite so lang wie dein Arm sein.

4 Anschließend klebst du rund um das Säckchen 40 cm lange bunte Krepppapierstreifen.

5 An das Ende der langen Schnur kannst du noch ein Herbst- oder Windgedicht hängen. Und dann los: Hörst du den Wind?

Wenn der Wind müde wird

Wenn der Wind müde wird
duckt er sich
wird klein wie ein Kind
Dann kannst du ihm
ganz ohne Bedenken
deine Lieblingsmütze schenken

Heinz Janisch

Gestalte ein Windbild oder eine Windmusik.
Wie kann man den Wind darstellen?

Wähle dein Lieblingsgedicht aus und bereite es für einen Gedichtvortrag vor:
- Übe zuerst die schwierigen Wörter.
- Mache Pausen an passenden Stellen.
- Sprich so, dass man den Wind spürt.

Du kannst deinen Vortrag auch aufnehmen.

- handlungs- und produktionsorientiert mit Texten umgehen
- selbst gewählte Texte zum Vorlesen vorbereiten und sinngestaltend vorlesen

Was fliegt denn da?

Graugänse

Graugänse gehören zu den Wildgänsen und kommen in Europa sehr häufig vor. Sie fliegen meist in großen Gruppen in der typischen V-Formation. Ihre lauten, lang gezogenen Rufe sind nicht zu überhören. Die Rufe klingen wie „kijaa-ga-ga“ oder „ahnk-ang-ang“.

die vögel
sie brauchen
den himmel
zum böigen
schweben
zum stürzen
sich heben
im wimmligen
vogelverkehr
doch der himmel
er braucht auch
die vögel ohne sie
wär er tot
wär er leer

Arne Rautenberg

Fliegen müsste man können

Nils Holgersson wurde zu einem Däumling geschrumpft: Von da an kann Nils die Sprache der Tiere verstehen. Zusammen mit einer Schar Wildgänse und dem weißen Gänserich Martin begibt er sich auf eine wunderbare Reise.*

Mit viel Mühe kletterte Nils auf den Rücken des Gänserichs und krallte sich mit den kleinen Händen fest in das Gefieder. Dreizehn Wildgänse schlugen neben ihm mit den Flügeln und schnatterten durcheinander. Die grauen Wildgänse flogen jetzt nach Norden und ihr Flug wurde immer schneller. Der weiße Gänserich hatte große Mühe zu folgen. Nils aber fühlte sich auf dem Rücken des Gänserichs langsam immer sicherer. Hatte er nicht oft gedacht: Fliegen müsste man können! Jetzt war dieser Traum plötzlich Wirklichkeit geworden, und je länger er flog, desto wohler wurde ihm.

Bald freute er sich über den Wind und die Sonne und das weite Land unter ihm. Er hatte das Gefühl, all seinem Kummer davonzufliegen. Der Abstand zwischen den Wildgänsen und dem weißen Gänserich wurde größer, und Akka, die Leitgans der Wildgänse, rief: „Wer nicht mithalten kann, muss nach Hause fliegen.“ „Aha, so ist das also!“, keuchte der Gänserich. „Meine grauen Verwandten wollen mich gar nicht mitnehmen nach Lappland. Sie haben nur einen Spaß mit mir getrieben.“ Nils merkte, wie erschöpft der Gänserich war. „Lass uns nach Hause fliegen, Martin! Du wirst es nicht schaffen.“ Doch der Gänserich beschleunigte seinen Flug. „Ich werde den eingebildeten Wildgänsen schon zeigen, dass Hausgänse genauso viel leisten können wie sie.“

Ilse Bintig nach Selma Lagerlöf ◇

* *ein Mensch, der nicht größer als ein Daumen ist*

Wähle einen Text. Lies den Text.

Tausche dich mit anderen in einer Lesekonferenz aus:
- Warum hast du den Text ausgewählt? Begründe.
- Was hast du im Text über den Vogelflug erfahren? Erzähle. (→ **Lesefaden**: Schritt 3)
- Was ist das Besondere an deinem Text?
- Was ist anders? Was ist gleich?

- Text- und andere Medienangebote begründet auswählen
- Lesestrategien nach dem Lesen nutzen: zentrale Aussagen erfassen und wiedergeben
- Unterschiede und Gemeinsamkeiten von Texten beschreiben

Halloween-Sprüche

draußen
die Vitamine
das Spinnenbein
der Krötenschleim
die Feuersglut

Rummel, rammel, ruster,
draußen ist es duster.
Hexen, Monster und Gespenster
klopfen an die Fenster!

Zwicke, zwacke, zisch,
holt alles schnell vom Tisch!
Aber keine Mandarine,
Vampire hassen Vitamine!

Ene mene rummeln,
die Geister woll'n sich tummeln.
Die Monster wollen fressen,
nur her mit eurem Essen!

Spinnenbein und Krötenschleim,
wir sacken heute Süßes ein.
Käferblut und Feuersglut,
morgen geht es uns dann gut.

Übe mit einem Partnerkind, den Text flüssig vorzulesen.

Wähle einen Spruch aus. Sprich ihn wie eine Hexe oder wie ein Geist. Du kannst deinen Vortrag auch aufnehmen.

- flüssig lesen: automatisiert, genau, zügig, sinngestaltend – **Basis**
- selbst gewählte Texte zum Vorlesen vorbereiten und sinngestaltend vorlesen

5 Fragen rund um Halloween

das Halloween
All Hallows Eve*
die Kelten
die irischen Einwanderer
die Leckereien
die Kürbislaterne
die Hausbewohner

* *sprich: oll hällos iew*

Halloween wurde schon vor über 2 000 Jahren gefeiert. Woher kommt der Name Halloween eigentlich?

Halloween wird am Abend des 31. Oktober gefeiert. Der Name verrät es schon. Er ist die Kurzform des englischen Begriffs All Hallows Eve. Das bedeutet übersetzt Abend vor Allerheiligen. Aber in welchem Land ist Halloween entstanden?

In der Nacht vom 31. Oktober auf den 1. November nahmen die Kelten in Irland Abschied vom Sommer. Später wurde der Brauch von irischen Einwanderern in die USA gebracht. Aber warum wurde Halloween damals gefeiert?

Die Kelten glaubten, dass in den dunklen Monaten die Seelen der Toten die Erde besuchen. Sie wollten die Geister freundlich stimmen und stellten deshalb Lichter und Leckereien hin. Weißt du, woraus heute die Laternen gemacht sind?

Viele Kinder und Eltern basteln eine Kürbislaterne. Dazu wird ein Kürbis ausgehöhlt, ein Gesicht geschnitzt und eine Kerze hineingestellt. Das soll böse Geister fernhalten. Was machen die Kinder noch an Halloween?

An Halloween ziehen die Kinder von Haus zu Haus. Um von den Leuten im Haus Süßigkeiten zu bekommen, rufen sie: „Süßes oder Saures!“

- Übe mit einem Partnerkind, den Text flüssig vorzulesen.
- In welchem Land wurde das Fest vor langer Zeit gefeiert? Überfliege den Text.

Halloween-Grusel-Rezepte

Spinnen-Cracker

Du brauchst:
- runde Cracker
- Frischkäse
- Salzstangen
- gefüllte Oliven

- Bestreiche einen Cracker dick mit Käse.
- Halbiere drei Salzstangen. Stecke die Stangen in den Käse.
- Bedecke alles mit einem zweiten Cracker.
- Gestalte die Augen mit zwei Klecksen Käse. Du kannst auch noch Olivenhälften darauflegen.

Würstchen-Finger

Du brauchst:
- eine Dose Wiener Würstchen
- eine Tüte gehobelte Mandeln
- Ketchup

- Schneide an einem Ende des Würstchens ein Stück heraus. Setze dafür ein Mandelplättchen als „Fingernagel“ ein.
- Dekoriere die Würstchen-Finger auf einem Teller mit Ketchup als „Blut“.

Probiere mit einer Freundin oder einem Freund ein gruseliges ▸ Rezept aus. Wer traut sich, davon zu essen?

Miteinander leben

Skateboard Girl

Mein Vater sieht mein Skateboard, mannomann
Er befiehlt: Helm auf und langsam fahrn
Aber dann spring ich den Ollie
und mein Vater ruft: Mein lieber Scholli
Schau einer, was mein Skateboard Girl kann.

B. J. Lee

Schwerpunkt-Kompetenzen:
- die Perspektive von literarischen Figuren einnehmen
- Aussagen mit Textstellen belegen

So kannst du dich in die Gefühle und Gedanken der Figuren eines Textes hineinversetzen

Schritt 1: untersuchen, wie die Figur denkt, fühlt und handelt

- Suche Textstellen, die zeigen, was eine Figur denkt oder macht.
- Schreibe z. B. in eine Denkblase, was die Figur denkt und fühlt. Lege die Denkblase neben die Textstelle.

Ich, Ellie, bin zwölf. In meinem früheren Leben
ein glückliches Einzelkind einer alleinerziehend
Jetzt habe ich drei Geschwister.
Ich hoffe, es werden nicht noch mehr.

Früher hatte ich es gut. Da hatte ich meine Mommi ganz für mich allein.

Schritt 2: untersuchen, warum die Figur so denkt, fühlt und handelt

- Suche Erklärungen im Text.
- Finde selbst eine Erklärung.
- Tausche dich mit einem Partnerkind oder in einer Lesekonferenz aus.

die Perspektive von literarischen Figuren einnehmen

Plötzlich Geschwister

Lange hat Ellie allein mit ihrer Mutter gelebt. Doch dann kam Ron,
Mamas neuer Freund mit seinen Kindern Mats und Oleg.
Mats ist richtig cool. Er ist schon 17 Jahre alt.
Oleg ist erst acht. Und nun gibt es auch noch Lilac,
das gemeinsame Kind von Ellies Mama und Ron.

Ich, Ellie, bin zwölf. In meinem früheren Leben war ich
ein glückliches Einzelkind einer alleinerziehenden Mutter.
Jetzt habe ich drei Geschwister.
Ich hoffe, es werden nicht noch mehr.
Das Kind von ihrer neuen Liebe hat Mommi ja nun bekommen:
Prinzessin Lilac.

Glücklicherweise ist Oleg von Lilac genauso wenig begeistert wie ich.
Aber damit hören unsere Gemeinsamkeiten auf.
Es fängt nämlich schon beim Aussehen an.
Wir könnten kaum verschiedener sein:
Ich bin schwarz und Oleg ist weiß,
so richtig schwedenblond und blauäugig,
obwohl keiner seiner Vorfahren aus Schweden kommt.
Seine Haut ist so hell, dass seine Segelohren rosa leuchten,
wenn die Sonne drauf scheint.
Wenn Oleg fies ist und mich Schokokuss nennt,
sag ich Schweineohr zu ihm.
Schmeckt übrigens beides gut.

Als Mommi und ich noch zu zweit waren,
war immer sofort klar,
dass nur ich ihr Kind bin.
Ich hab Grübchen wie Mommi, Oleg nicht.
Natürlich hat Lilac auch Grübchen.

Katja Ludwig ◈

Wie denkt Ellie über ihre kleine Schwester Lilac?
Warum denkt Ellie so?
Finde selbst eine Erklärung.

Gerettet und gewonnen

Der zehnjährige Alf, der älteste der drei Bukowski-Geschwister, erzählt, warum die drei einen Sommer lang umsonst ins Freibad gehen können.

Wir waren im Hallenbad und standen im Nichtschwimmerbecken, Katinka, Robbie und ich. Robbie wollte richtig schwimmen lernen, und wir zeigten ihm, wie das geht. Aber er schluckte andauernd Wasser und hustete wie ein Verrückter. Katinka haute ihm auf den Rücken, das half.

Neben den Becken standen Liegen zum Ausruhen. Auf einer lag eine Frau mit einem kleinen Kind und blätterte in einer Zeitschrift. Das Kleine hatte eine Windel um, sonst nichts. Wahrscheinlich langweilte es sich, auf jeden Fall fing es an zu quengeln. Doch die Frau guckte nur immer weiter in ihre Zeitschrift. Auf einmal klingelte ihr Handy, und sie ging ran. Sofort fing sie an zu quatschen, so laut, dass alle es mitbekamen. Erst lachte sie. Dann aber regte sie sich auf. Die Frau schimpfte in ihr Handy. Sie war so wütend, dass sie nichts anderes mehr mitbekam, zum Beispiel, dass ihr Kleines auf das Schwimmbecken zuwackelte. Wir dachten, na ja, sie wird schon wissen, was sie tut, und kümmerten uns weiter um Robbie.

Da machte es plötzlich PLATSCH, und es spritzte. Wir drehten uns um, und da lag das Kleine im Wasser und strampelte mit Armen und Beinen, so ähnlich wie Robbie, und es schluckte Wasser und guckte ganz komisch. Wir sahen zu der Frau auf der Liege. Sie war voll weggetreten und telefonierte wild drauflos und bekam nichts mit. Der Bademeister war eine komplette Null: Er saß in seiner Glaskabine und starrte auf seinen Computer. Katinka und ich fackelten nicht lange, wir schwammen zum Beckenrand, wo das Kleine inzwischen untergegangen war, nur noch die Haare guckten raus. Ich tauchte unter, packte es an den Armen und zog es nach oben, es ging ganz einfach.

Als das Kleine den Kopf über Wasser hatte, war es erst ganz still, und wir dachten, hoffentlich ist es nicht tot. Aber dann fing es an zu kreischen und lief rot an.

Erst jetzt fiel der Frau auf, dass ihr Kind weg war. Wir winkten ihr zu und zeigten auf das Kleine. Die Frau schrie. Sie ließ ihr Handy fallen und rannte zum Becken, hielt sich die Nase zu und sprang ins Wasser. Sie riss mir das Kleine aus den Armen und fing an zu weinen. Dann schimpfte sie uns aus, das war sowas von krass. Schließlich kam auch der Bademeister angerannt, und wir erzählten, was Sache war. Er rief den Krankenwagen, denn vielleicht hatte das Kleine schon zu viel Wasser geschluckt und bekam einen Gehirnschaden. Zum Glück war aber alles in Ordnung, und die Frau beruhigte sich und sagte zehntausend Mal Danke, und jemand von der Zeitung kam und machte Fotos von uns und dem Kind in seiner Windel.

Wir wurden mit einem Schlag berühmt, in der Schule guckten uns alle an und waren stolz auf uns, obwohl uns sonst kaum jemand mochte. Ein paar Tage später kam der Chef vom Hallenbad zu uns nach Hause, schüttelte allen die Hand und lobte uns. Wir dachten, das reicht jetzt aber auch mal. „Und um euch dreien eine Freude zu machen", sagte der Mann, „erlauben wir uns, euch diese Freikarte zu überreichen." Wir kapierten erst nicht. „Ihr dürft den ganzen Sommer lang umsonst ins Freibad. Wann immer ihr wollt!"

Will Gmehling ◈

- Lies die Überschrift. Worum geht es wohl in diesem Text? (→ **Lesefaden**: Schritt 1)
- Die Frau merkt nicht, dass ihr Kleines ins Wasser fällt, weil sie telefoniert. Stimmt das? Lies im Text nach.
- Was denkt wohl die Mutter des Kleinen, als sie merkt, dass ihr Kind weg ist? Schreibe in eine Denkblase.

Fabelhaftes – drei Fabeln

1 Die durstige Krähe

Eine Krähe hatte großen Durst.
Da fand sie einen Krug mit wenig Wasser.
Die Krähe konnte mit ihrem Schnabel
das Wasser nicht erreichen.
Auch war sie zu schwach, um den Krug umzuwerfen.
Da kam der Krähe ein kluger Gedanke:
Sie sammelte viele kleine Steinchen.
Die Steinchen warf sie alle in den Krug.
Im Krug stieg dadurch das Wasser in die Höhe.
Nun konnte die Krähe endlich ihren Durst löschen.

Kra kra – das kann man von der Krähe lernen:
Denke nach und gib nicht zu schnell auf.

nach Heinrich Steinhöwel

2 Der Löwe und die Maus

Einmal lief eine Maus einem schlafenden Löwen über das Fell. Der erwachte, packte den Störenfried und wollte ihn sogleich als Leckerbissen verschlingen. Da aber die Maus so sehr um ihr Leben bat und ihm versprach: „Wenn du einmal meiner Hilfe bedarfst, will ich dich retten!“, erweichte sie das Herz des Löwen. „Den Spaß will ich mir nicht entgehen lassen!“, sagte er lachend und ließ sie laufen. Nach gar nicht langer Zeit wurde der Löwe von Jägern gefangen und an einen Baum gebunden. Schon von Weitem hörte die Maus sein Klagen. Sie lief eilends herbei, zernagte den Strick, der ihn gefangen hielt, und der starke Löwe war frei.

Antonie Schneider nach Äsop

- Was ist eine ▸ Fabel? Schlage im ▸ Glossar nach.
- Was denkt wohl der Löwe, als er von der Maus befreit wird? Schreibe in eine Denkblase.

- erzählende, lyrische, szenische Texte und ihre Merkmale kennen und unterscheiden
- die Perspektive von literarischen Figuren einnehmen

3 Die beiden Ziegen

Über einen Fluss ging eine schmale Brücke.
An einem Ufer stand eine schwarze Ziege.
Am anderen Ufer stand eine weiße Ziege.
Beide wollten über die Brücke gehen.
Die schwarze Ziege rief: „Bleib drüben!
Die Brücke ist zu schmal für uns beide!"
Die weiße Ziege antwortete:
„Ich will aber zuerst gehen."

Beide Ziegen liefen gleichzeitig los
und trafen sich in der Mitte der Brücke.
Da wurden die beiden Ziegen zornig
und stießen mit den Hörnern zu.
Sie kämpften so heftig,
dass die Brücke anfing zu schwanken.
Schließlich verloren sie
das Gleichgewicht
und fielen beide
hinunter in den Fluss.

nach Jean de la Fontaine

- Finde die Lehre der ersten Fabel.
- Welche Lehre passt zur zweiten Fabel? (→ **Lesefaden**: Schritt 3)

  Wenn zwei sich streiten, freut sich der Dritte.

  Wer einmal lügt, dem glaubt man nicht.

  Niemand ist zu klein, um zu helfen.

- Überlege dir gemeinsam mit einem Partnerkind eine Lehre zur dritten Fabel.

Welcher Witz passt zum Bild?

1

Auf einem Spaziergang im Wald
erzählt Opa von früher.
„Als ich damals im Wald war,
wurde ich von zwölf Wölfen angefallen."
Darauf sagt Fritzi: „Aber Opa,
letztes Jahr waren es noch drei!"
Sagt der Opa: „Ja, damals warst du noch
zu klein, um die ganze Wahrheit zu erfahren!"

2

Fritzi und Opa machen einen Spaziergang
im Wald. Plötzlich stolpert Fritzi und stürzt.
„Ist deine Nase noch heil?",
fragt ihr Opa ganz besorgt.
„Ja", sagt Fritzi. „Die zwei Löcher
waren schon vorher drin."

Knobelei

Tims Mutter hat fünf Söhne:
Anton, Berti, Claus, Dennis, ...
und wie heißt der fünfte Sohn?

Zwei Wörter in einem Wort

MAMARIENKÄFER
OMAMMUT
PAPANTHER
ENKELEFANT
ONKELCH

1./2. Übung zum Überprüfen der Sinnerwartung
3. Übung zur Segmentierung

Lösungen S. 197

Wen du brauchst

Einen zum Küssen und Augenzubinden,
einen zum lustige-Streiche-___.
Einen zum Regenbogen-suchen-gehn
Und einem zum fest-auf-dem-___-stehn.
Einen zum Brüllen, zum Leisesein einen,
einen zum Lachen und einen zum ___.
Auf jeden Fall einen, der dich ___,
heute und morgen und jeden Tag.

Regina Schwarz

mag

erfinden

Boden

Weinen

Quatschsätze würfeln

	Person		Tätigkeit		Ort
⚀	Papa	⚀	hüpft	⚀	im Aquarium.
⚁	Oma	⚁	schnarcht	⚁	auf dem Dach.
⚂	Mama	⚂	weint	⚂	im Keller.
⚃	Opa	⚃	meckert	⚃	im Schrank.
⚄	Onkel Theo	⚄	singt	⚄	am Fenster.
⚅	Tante Lola	⚅	gruselt sich	⚅	in der Wanne.

⚂ Mama ⚃ meckert ⚃ im Schrank.

1. Übung zum Aufbau der Sinnerwartung
2. Übung zum Überprüfen der Sinnerwartung

Lösungen S. 197

Zuhause ist ein Schatz

Das Haus, das ein Zuhause war

Zwei Kinder entdecken ein von Menschen verlassenes Haus ...

Tief im Wald steht ein Haus,
nur mehr ein Haus,
das früher einmal
ein Zuhause war,
nun aber nicht mehr.

Vorne am Haus,
dem wartenden Haus,
steht eine Tür nicht richtig offen,
nur ein winziges Stück.
Eine Tür, die zu ist,
doch nicht ganz.

Im Innern ist das Haus
still bis auf das Knarren.
Wir flüstern nur noch,
statt richtig zu sprechen.
Wir flüstern, obwohl es
niemanden stören würde,
wenn wir es machten.
Der Jemand, den es einst gab,
ist jemand, der nicht mehr da ist.
Der Jemand, den es einst gab,
ist fort.

Wer war dieser Jemand,
der diesen Flur entlangging,
der in dieser Küche kochte,
der in diesem Sessel einnickte?

Wer war dieser Jemand,
der fortging, ohne zu packen,
jemand, der fort ist
und trotzdem noch überall da?

War es ein Mann
mit Brille und vollem Bart,
der aus dem Fenster schaute
und träumte vom Meer?
Oder eine Frau, die im Garten
den ganzen Tag über
Bilder von Eichhörnchen malte
und dabei Eistee trank?
Gab es eine Katze,
die vor dem Kamin schlief,
oder ein Mädchen,
das zu seinen Schallplatten
tanzte und sang?
Einen Jungen, der Flugzeuge baute
und nachts vom Fliegen träumte?

Warum sind sie fortgegangen?
Und wo sind sie hin?

Julie Fogliano ◇

Ein ▸ Rondell über Heimweh

Klassenfahrt, wie toll!
Doch oft denk' ich auch an zu Hause.
Mit Tom und Asra habe ich viel Spaß.
Doch oft denk' ich auch an zu Hause.
Mit der Försterin Tierspuren entdecken.
Gemeinsam im Wald Laubhütten bauen.
Doch oft denk' ich auch an zu Hause.
Ich freu mich so auf meine Familie.

Sara

Das ist Fanti, mein liebster Kuschelelefant. Mein Onkel hat mir Fanti geschenkt, da war ich noch ein Baby. Fanti ist für mich ganz wichtig, weil ich bei ihm Trost finde, wenn ich Sorgen habe.

Zuhause-Museum

Sammle fünf Gegenstände, die dir in deinem Zuhause besonders wichtig sind. Das können zum Beispiel dein Lieblings-Kuscheltier, deine Lieblingstasse oder ein Spielzeug sein.
Schreibe zu jedem Gegenstand ein Schild mit seinem Namen.
Mache eine Führung durch dein Museum und erzähle zu jedem Gegenstand:

- Wie ist der Gegenstand zu dir gekommen?
- Warum ist der Gegenstand für dich so wichtig?

Du kannst auch ein digitales Zuhause-Museum mit Fotos von deinen Gegenständen und Tonaufnahmen machen.

Wähle einen Text. Lies den Text.

Tausche dich mit anderen in einer Lesekonferenz aus:

- Warum hast du den Text ausgewählt? Begründe.
- Was hast du in deinem Text zum Thema **Zuhause** erfahren? Erzähle. (→ **Lesefaden**: Schritt 3)
- Erzählt von eurem Zuhause.

- Text- und andere Medienangebote begründet auswählen
- Lesestrategien nach dem Lesen nutzen: Textinhalt wiedergeben
- eigene Gedanken zu Texten entwickeln und sich mit anderen austauschen

Als der Opa den Wasserkocher auf den Herd gestellt hat

der Wasserkocher
das T-Shirt*
die Herdplatte
währenddessen
sie scheuchte
er kam hinterhergehustet

* *sprich: Tieschört*

Na, da war aber was los.
Also an dem Tag,
an dem der Opa den Wasserkocher
auf den Herd gestellt hat.

Max öffnete die Küchentür.
Meine Güte, das hättest du mal riechen sollen!
Oder lieber nicht.

Der Opa zog sich sein T-Shirt über die Nase
und drängte sich an Max vorbei in die Küche.

Dort hing richtig schwarzer Qualm.
Schnell riss der Opa den Wasserkocher vom Herd
und warf ihn in die Spüle.

Das Plastik unten am Wasserkocher war schon weich
und zog Fäden, wie wenn man einen Kaugummi
aus dem Mund nimmt und dann ganz weit auseinanderzieht.
Der Opa drehte auch noch die Herdplatte aus.
Und das immerhin war ziemlich gut vom Opa.

„Raus! Raus! Raus!“, rief die Oma
währenddessen im Wohnzimmer
und scheuchte alle Kinder in den Garten.

Der Opa kam bald hinterhergehustet.
Hinterhergehustet, weil der Opa hinterhergelaufen kam
und dabei ganz doll hustete. Deswegen hinterhergehustet.

„Was ist denn passiert?“, wollte Tiffany sofort vom Opa wissen.
„Ja, was hast du denn jetzt schon wieder angestellt?“, fragte die Oma.
„Ich“, sagte der Opa traurig, „ich habe den Wasserkocher
auf den Herd gestellt. Aus Versehen.“

Marc-Uwe Kling ◈

■ Übe mit einem Partnerkind, den Text flüssig vorzulesen.

■ Opa ist traurig. Stimmt das? Lies am Ende des Textes nach.

Als die Oma das Internet kaputt gemacht hat

das Puzzle*
angestrengt
der Videotext
die Textnachricht
kopfschüttelnd

* *sprich: Pussel*

„Es geht nicht mehr“, sagte die Oma.
Sie saß vor dem Computer
und klickte mit der Maus.
Tiffany blickte von ihrem Puzzle auf.

„Was geht nicht mehr?“, fragte Tiffany.
„Das Internet“, sagte die Oma. „Schau. Klick, klick. Aber nichts passiert.“
„Was ist das Internet?“, fragte Tiffany.

Die Oma kratzte sich an der Nase, dachte angestrengt nach und sagte endlich: „Das Internet ist so etwas Ähnliches wie Videotext.“
„Was ist Videotext?“, fragte Tiffany.
„Das, hm, das ist wie Fernsehen“, sagte die Oma. „Aber zum Lesen.“

„Du hast echt keine Ahnung, Oma“, sagte Max. Er lag auf dem Sofa, sein Handy in der Hand, und schrieb gerade eine Textnachricht an seinen besten Freund. Max war schon zehn.

„Das Internet“, sagte Max, „verbindet all unsere Computer und Handys und noch viele andere Geräte. Deswegen kann man über das Internet auch mit anderen Menschen sprechen. Oder Spiele spielen.
Oder Nachrichten versenden. Das mache ich gerade.“

Er drückte auf seinem Handy auf *Senden*, aber das Handy sendete nicht.
Darum drückte er noch mal auf *Senden*. Und noch mal.
„Das Internet geht wirklich nicht mehr“, stellte er erstaunt fest.

„Ich habe das ganze Internet kaputt gemacht“,
sagte die Oma kopfschüttelnd. „Aus Versehen.“

Marc-Uwe Kling

- Übe mit einem Partnerkind, den Text flüssig vorzulesen.
- Max telefoniert gerade mit seinem Handy. Stimmt das? Lies im Text nach.

- flüssig lesen: automatisiert, genau, zügig, sinngestaltend – **Erweiterung**
- Aussagen mit Textstellen belegen

Die verschickbare Umarmung

Kennst du jemanden, den du
dringend in den Arm nehmen
möchtest, der dafür aber
viel zu weit weg wohnt?
Hier kommt die elegante Lösung
für dieses Problem:
Du steckst deine Umarmung
einfach in die Post!

Antje von Stemm ◈

Du brauchst:

- einen oder zwei A4-Bogen festes Papier
- Stifte
- Schere
- Locher
- Wollfaden oder ca. 1 m Band
- Umschlag

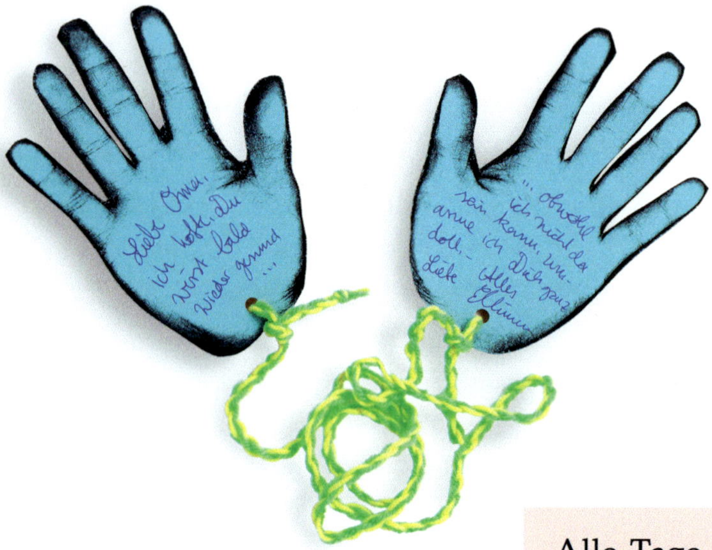

Alle Tage, immer wieder
muss ich an dich denken;
was ich denke, schreib ich nieder,
um es dir zu schenken.

Frantz Wittkamp

Bastle und schreibe eine verschickbare Umarmung für jemanden, den du sehr vermisst.

Märchenzeit

Die Märchen

Hinter dem Himmel
schlafen die Märchen

Wer weiß den Weg
wer hat den Schlüssel
wer weckt sie

Wir Kinder
warten

Rose Ausländer

Schwerpunkt-Kompetenzen:
- erzählende, lyrische, szenische Texte und ihre Merkmale kennen und unterscheiden
- Texte auswendig vortragen

So kannst du Merkmale von Märchen erkennen

Tipp 1: den Anfang und das Ende von Märchen kennen

▸ Märchen beginnen und enden gleich oder ähnlich.
Prüfe den ersten und den letzten Satz.

Tipp 2: Märchenfiguren kennen

Im Märchen handeln Märchenfiguren:

- **Fantasiefiguren**: Feen, Riesen, Zwerge, Hexen
- **Personen**: Prinz, Prinzessin, König, Stiefmutter, Bauer

Welche Eigenschaften haben die Märchenfiguren?

Tipp 3: die Besonderheiten kennen

- besondere **Zahlen**: drei, sieben, zwölf
- bestimmte **Orte**: Wald, Schloss, hinter den sieben Bergen
- wundersame **Dinge**: ein sprechender Spiegel, ein vergifteter Apfel

o erzählende, lyrische, szenische Texte und ihre Merkmale kennen und unterscheiden

AH S. 14

Die drei Wünsche

Es waren einmal ein Mann und eine Frau, die hatten drei Wünsche frei. Weil sie aber Angst hatten, sich etwas Falsches zu wünschen, überlegten sie hin und her und konnten sich nicht entscheiden.

An einem schönen Tag, als die Frau die Kartoffeln auf den Tisch stellte, murmelte sie:

„Ach, wenn doch ein Würstchen drauf liegen würde." Sie hatte es kaum ausgesprochen, da ging ihr Wunsch schon in Erfüllung.

Als der Mann das sah, wurde er böse, weil die Frau so einen dummen Wunsch getan hatte, und sagte voller Zorn: „Wenn dir das Würstchen doch an der Nase hängen würde!" Kaum hatte er es ausgesprochen, hing das Würstchen dort.

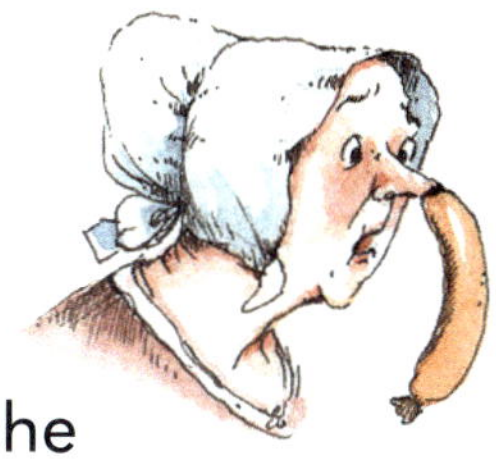

Was konnten sie jetzt noch tun? Sollte die Frau nicht für den Rest des Lebens mit einem Würstchen an der Nase herumlaufen, mussten sie es wegwünschen. Das taten sie auch. Damit waren ihre drei Wünsche getan und sie waren so arm dran wie vorher.

Elsässisches Märchen

Welche Merkmale von ▸ Märchen treffen hier zu? Prüfe.
- Der Erzählanfang ist märchenhaft.
- Eine Zahl hat eine Bedeutung.
- Die Personen sind Fantasiefiguren.

Geht das Märchen gut aus? Begründe deine Meinung.

- erzählende, lyrische, szenische Texte und ihre Merkmale kennen und unterscheiden
- Lesestrategien nach dem Lesen nutzen: zentrale Aussagen erfassen und wiedergeben

AH S. 16

Märchen-Basteleien

Es war einmal
- ein herzensgutes Mädchen.
- ein altes, braves Mütterchen.
- ein lustiges, gackerndes Hühnchen.
- ein junges, schönes Knäblein.

Obwohl es sehr arm war, lebte es zufrieden
- in einer verfallenen Hütte am See.
- in einer Höhle tief im Wald.
- in einem alten Hühnerstall.
- in einem kleinen Häuschen inmitten eines verwunschenen Gartens.

Alle mochten es gerne, denn
- es war so sanft und warmherzig.
- es gab immer einen lustigen Spruch zum Besten.
- es wusste immer einen guten Rat.
- es war stets freundlich und hatte für jedermann ein liebes Wort.

Eines Tages fand es auf der Erde, im Schmutz liegend,
- ein funkelndes Ringlein.
- ein glänzendes Steinchen.
- ein stumpfes Stück Eisen.
- ein zerbrochenes Spieglein.

Es rieb daran, wollte es säubern, da verwandelte sich das verwunschene Fundstück plötzlich
- in einen zauberhaften Prinzen.
- in einen friedlichen Drachenkönig.
- in einen tapferen Schneider.
- in einen freundlichen Riesen.

Der ... schenkte seinem Retter
- ein kleines Waldschloss.
- einen Sack Goldstücke.
- ein geheimnisvolles Ei.
- einen Zauberstab.
- ...

Er sagte dankbar:
- Du sollst in meinem Schloss wohnen und einen Ehrenplatz erhalten.
- Du hast mich nach 100 Jahren erlöst. Ich werde dich mit Gold und Edelsteinen überschütten.
- Du hast drei Wünsche frei. Ich werde dir alle erfüllen.
- Du hast mich errettet. Dafür schenke ich dir diese Flasche. Sie enthält das Wasser des Lebens.
- ...

Und wenn sie nicht gestorben sind,
- dann leben sie noch heute.
- freuen sie sich noch jeden Tag.
- leben sie glücklich und zufrieden.
- erleben sie noch viele Abenteuer.
- ...

Stelle dir ein Märchen zusammen.
Markiere deine Auswahl mit Klebezetteln.

Lies dein Märchen. Finde eine passende Überschrift. (→ **Lesefaden**: Schritt 3)

- erzählende, lyrische, szenische Texte und ihre Merkmale kennen und unterscheiden
- Lesestrategien nach dem Lesen nutzen: zentrale Aussagen erfassen und wiedergeben

Die alte Axt

Erzähler: Es war einmal ein armer Holzfäller, der ging manchmal nach der Arbeit zum nahen Teich, um ein paar Fische zu fangen. Eines Tages warf er die Angel aus, aber dabei rutschte ihm seine alte Axt aus der Jackentasche und fiel ins tiefe Wasser.

Armer: Meine Axt! Wie soll ich ohne Axt morgen zur Arbeit gehen?

Erzähler: Er legte die Angel beiseite, als plötzlich ein kleines Männchen mit weißem Bart vor ihm stand.

Männchen: Was schreist du da herum? Was fehlt dir denn?

Armer: Ach, meine Axt ist mir ins Wasser gefallen. Ohne Axt bin ich verloren!

Männchen: Wenn es weiter nichts ist.

Erzähler: Und schon war das Männchen mit einem Sprung im Wasser verschwunden. Es tauchte bald wieder auf und hielt eine goldene Axt in der Hand.

Männchen: Ist das deine Axt?

Armer: Aber nein. Das ist sie nicht. Meine sieht ganz anders aus.

Erzähler: Das Männchen tauchte erneut unter. Diesmal hielt es eine silberne Axt in die Höhe.

Männchen: Ist das deine Axt?

Armer: Aber nein. Das ist sie nicht. Meine sieht ganz anders aus.

Erzähler: Das Männchen tauchte noch einmal unter und zeigte dem Holzfäller die alte, abgenutzte Axt.

Männchen: Ist sie das?

Armer: Das ist sie! Ich danke dir von ganzem Herzen! Soll ich einen Fisch für dich fangen?

Männchen: Lass gut sein! Deine Ehrlichkeit rührt mich. Es braucht viel Mut zur Ehrlichkeit! Ich schenke dir auch die goldene und die silberne Axt. Verkauf sie und es wird dir gut ergehen!

Erzähler: Das Männchen legte ihm die goldene und die silberne Axt vor die Füße und verschwand so rasch, wie es gekommen war. Der Holzfäller fing noch zwei Fische fürs Abendessen, dann nahm er seine Axt, und die goldene und die silberne dazu, und dann ging er vergnügt nach Hause. Als er im Wirtshaus von seinen Erlebnissen erzählte und alle hörten, wie der Holzfäller zu Geld gekommen war, schlich sich ein anderer Holzfäller rasch zum Teich. Er holte eine Angel heraus und tat so, als würde er fischen. Mit einem weiten Wurf warf er seine Axt ins Wasser. Dann begann er laut zu jammern.

Reicher: Oh, meine Axt! Was soll ich nur ohne meine Axt machen?

Erzähler: In der nächsten Sekunde stand das kleine Männchen mit dem weißen Bart vor ihm.

Männchen: Was schreist du da herum? Was fehlt dir denn?

Reicher: Ach, meine Axt ist mir ins Wasser gefallen. Ohne Axt bin ich verloren!

Erzähler: Und schon war das Männchen mit einem Sprung im Wasser verschwunden. Es tauchte rasch wieder auf und hielt die Axt des Mannes in der Hand.

Männchen: Ist sie das?

Reicher: Aber nein, was soll das für eine schäbige Axt sein! Meine sah ganz anders aus!

Erzähler: Das Männchen tauchte unter und hob eine silberne Axt in die Höhe.

Reicher: Auch das ist sie nicht! Meine sah anders aus!

Erzähler: Das Männchen tauchte unter und kam bald mit der goldenen Axt ans Ufer zurück.

Männchen: Ist sie das?

Reicher: Das ist sie! Das ist sie!

Erzähler: Der reiche Holzfäller wollte die Axt dem Männchen aus den Händen reißen. Aber er verbrannte sich die Finger an der goldenen Axt, so glühte sie in den Händen des kleinen Männchens.

Männchen: Willst du mich zum Narren halten?

Reicher: Das ist meine Axt! Ich erkenne sie wieder!

Erzähler: Das Männchen gab dem Holzfäller einen Stoß, und schon lag er im Wasser. Als er mit nassen Kleidern endlich aus dem Teich kam, war das Männchen verschwunden. Und mit ihm die Angel des Mannes, die goldene Axt, die silberne, ja sogar seine alte Axt.

Litauisches Märchen, neu erzählt von Heinz Janisch

- Lest das Märchen in verteilten Rollen.
- Gestaltet die Lesung mit unterschiedlichen Geräuschen als Klanggeschichte. Nutzt Orff-Instrumente. Ihr könnt euch auch aufnehmen.

Finde sieben Märchenpaare

1	Rumpelstilzchen	a	Rosenrot
2	Schneewittchen	b	Frau Holle
3	Wolf	c	Müllerstochter
4	Schneeweißchen	d	Gretel
5	Goldmarie	e	Joringel
6	Jorinde	f	sieben Zwerge
7	Hänsel	g	sieben Geißlein

Wie heißen die Märchenorte richtig?

Königshöhle

Räubermühle

Windhaus

Hexenschloss

Wer trägt diesen Gürtel?

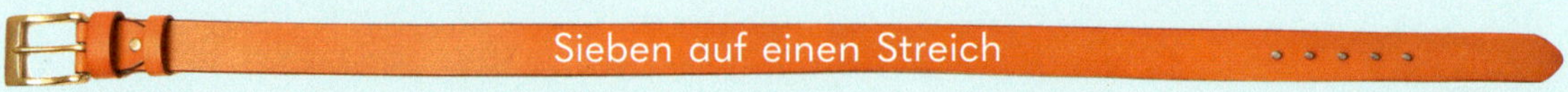

SCHNEI DAS FE RE DER TAP LEIN

1. Übung zum Aufbau der Sinnerwartung
2./3. Übung zur Segmentierung

Lösungen S. 197

Finde die drei Unterschiede

Name: Rapunzel
Alter: 16 Jahre
Tätigkeit: sitzt oft am Fenster und singt
Aussehen: das schönste Kind unter der Sonne
Wohnort: ein hoher Turm
besonderes Merkmal: zwanzig Ellen lange Haare

Name: Rapunzel
Alter: 16 Jahre
Tätigkeit: schwitzt oft am Fenster und singt
Aussehen: das schönste Kind unter der Tonne
Wohnort: ein hoher Wurm
besonderes Merkmal: zwanzig Ellen lange Haare

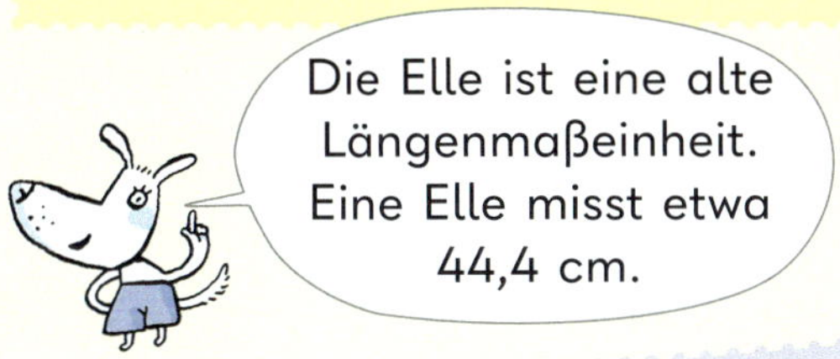

Was gehört nicht zu dem Märchen?

Hänsel und Gretel

Schneewittchen

Frau Holle

Rumpelstilzchen

Der rote Gaul

Es war einmal, vielleicht in einem Jahr,
da sah ich am Ende unserer Straße
einen roten Gaul in einer Parklücke stehen,
der ging ganz langsam in die Knie.
„Das Pferd ist krank“, dachte ich,
„es kann sich nicht mehr auf den Beinen halten.“
Doch als ich näher hinsah, blinzelte es mich
so lustig an, dass ich verstand: Das Pferd war
in die Knie gegangen, damit ich leichter auf
seinen Rücken klettern konnte. Als ich oben saß,
trug mich der Gaul ins freie Land.
Mein Pferd wurde schneller.
Ich krallte mich in seiner langen Mähne fest.
Wir galoppierten einem steilen Berg entgegen,
nahmen Anlauf, um hinüberzuspringen.
Der Sprung war zu gewaltig für mich,
die roten Pferdehaare flutschten durch meine
Finger wie Wasserstrahlen.
Nichts hielt mich mehr.
Mein tolles Pferd sprang über den Berg.
Ich aber landete zu seinen Füßen an einem Bach,
der murmelte:
„Für jedes Mähnenhaar, das du ins Wasser wirfst,
soll sich ein Wunsch erfüllen.“
Ich schaute in meine Hände ...

Friedrich Karl Waechter ◇

- Was ist ein **Gaul**? Lies im Text nach. (→ **Lesefaden**: Schritt 2)
- Finde zwei Stellen im Text, an denen du erkennen kannst, dass der Text ein ▸ Märchen ist.

- Lesestrategien beim Lesen nutzen: Textstellen klären
- erzählende, lyrische, szenische Texte und ihre Merkmale kennen und unterscheiden

Ein Mähnenhaar-Märchen erzählen

Ich schaute in meine Hände und sah
ein winziges rotes Mähnenhaar. Ich hatte also einen Wunsch frei.
Aber was sollte ich mir wünschen? Ich überlegte und überlegte
und da kam mir ein Gedanke.
Ich kniete mich nieder zum Bach und sprach laut:
Ich wünsche mir ein…
Plötzlich hörte ich…

Du kannst deine Wünsche aufmalen, damit du flüssig erzählen kannst.

- Lies noch einmal die Zeilen 23 bis 25 des Märchens von Seite 64. Wie geht **dein** Mähnenhaar-Märchen weiter? Der Text in der Sprechblase oben kann dir helfen.

- Lerne die Fortsetzung deines Mähnenhaar-Märchens auswendig. Nimm dich beim Üben auf. Erzähle dann dein Märchen.

Von Fröschen, Prinzen und goldenen Kugeln

Der Froschkönig

Es war einmal ein König, der hatte drei wunderschöne Töchter. Die jüngste aber war von allen die schönste.

Die Prinzessin spielte gerne mit ihrer goldenen Kugel an einem kühlen Brunnen. Einmal aber warf sie die Kugel hoch in die Luft und konnte sie nicht wieder auffangen.

Die Kugel fiel in den tiefen Brunnen.

Die Prinzessin klagte und weinte laut.

Da streckte ein Frosch seinen dicken, hässlichen Kopf aus dem Wasser und rief: „Sei still, Königstochter. Ich kann dir helfen. Was gibst du mir, wenn ich dir deine goldene Kugel wieder heraufhole?“ Die Prinzessin versprach ihm ihre teuren Kleider, Edelsteine und auch ihre goldene Krone. Das alles aber wollte der Frosch nicht und rief: „Ich will dein Spielkamerad sein und neben dir am Tisch sitzen, von deinem goldenen Tellerchen essen und in deinem Bettchen schlafen. Versprichst du mir das, dann hole ich dir deine Kugel.“

Die Prinzessin versprach, was der Frosch wollte. Er tauchte in den tiefen Brunnen und kam bald wieder mit der goldenen Kugel herauf und warf sie ins Gras. Die Prinzessin war überglücklich, nahm die Kugel und lief schnell nach Hause, ohne sich weiter um den Frosch zu kümmern.

Am nächsten Tag saß die Königstocher mit ihrem Vater bei Tische.

Da klopfte es an der Tür und eine Stimme rief: „Königstochter, jüngste, mach mir auf!“ Als sie öffnete, erkannte sie den Frosch und schlug die Tür schnell wieder zu. Der König wollte wissen, wer beim Essen störe, und so erzählte sie ihm, was vorgefallen war. Da wurde der Vater streng und sprach zu seiner Tochter: „Du musst halten, was du versprochen hast.“

So musste die Prinzessin den Frosch hereinlassen. Er durfte neben ihr am Tisch sitzen und von ihrem goldenen Tellerchen essen. Dann wollte er mit in ihr Schlafgemach kommen. Obwohl die Prinzessin große Furcht vor dem kalten Frosch hatte, bestand ihr Vater auch darauf.

Im Schlafgemach warf die Prinzessin den Frosch voller Zorn gegen die Wand.

Doch als der Frosch herabfiel, verwandelte er sich in einen schönen Königssohn. Er erzählte ihr, dass er von einer bösen Hexe verwandelt worden war und nur die Prinzessin ihn hatte erlösen können. Die beiden feierten Hochzeit und lebten fortan glücklich im Reich des Prinzen.

nach den Brüdern Grimm

Der Froschkönig und die Brüder Grimm

Früher, als es noch kein Fernsehen und keine Computerspiele gab, haben sich die Menschen überall auf der Welt Geschichten erzählt. Die Geschichten wurden von Mund zu Mund weitergegeben. Vor über zweihundert Jahren begannen die Brüder Jacob und Wilhelm Grimm in Deutschland, diese Geschichten zu sammeln. In ihrem Buch **Kinder- und Hausmärchen** haben die Brüder Grimm dann alle Märchen so aufgeschrieben, wie sie seit langer Zeit mündlich erzählt wurden. Das Märchen vom Froschkönig war den Brüdern wohl besonders lieb. Denn sie stellten es als erstes Märchen an den Anfang ihrer Märchensammlung. So ist dieses Märchen sehr bekannt geworden.

Elisabeth Jerichau-Baumann: Jacob und Wilhelm Grimm

Märchen

Splosch!
Eine Prinzessin
küsste einen Frosch.
Da wurde er sogleich
ein Jüngling, schön und reich.
Der Jüngling fand sich selbst so schön,
er wollte sich immer im Spiegel ansehn.
Sie küsste ihn noch einmal.
Splosch!
Da wurde er wieder
ein Frosch.

Georg Bydlinski

kurzmärchen

frosch
kuss
prinz
schluss

Nils Mohl

- Wähle einen Text. Lies den Text.
- Tausche dich mit anderen in einer Lesekonferenz aus:
  - Warum hast du den Text ausgewählt? Begründe.
  - Erzähle den Inhalt des Textes. (→ **Lesefaden**: Schritt 3)
  - Welche weiteren Märchen der Brüder Grimm kennt ihr?

- Text- und andere Medienangebote begründet auswählen
- Lesestrategien nach dem Lesen nutzen: Textinhalt wiedergeben
- Kinderliteratur kennen: Werke, Autorinnen und Autoren, Figuren, Handlungen

AH S. 17

Ballade vom Dornröschen

die Ballade*
das Dornröschen
hindurch
verhext
einst**

* ein Gedicht, das eine Geschichte erzählt
** früher

Prinzessin Dornröschen, des Königs Kind,
schläft hinter dornigen Hecken,
die Dornen sind dicht, es kann selbst der Wind
nicht hindurch, die Prinzessin zu wecken.

Verzaubert sind Schloss und des Königs Reich.
Schlaf hält hier alles gefangen,
die Blumen, die Bäume, die Fische im Teich
und die Vögel im Park, die einst sangen.

Dornröschen, noch schläfst du bei Tag und Nacht,
du wurdest verhext von der bösen
und mächtigen Fee, die dich streng bewacht,
doch ein Prinz wird dich endlich erlösen.

Peter Ensikat

- Übe mit einem Partnerkind, den Text flüssig vorzulesen.
- Lerne eine ▸ Strophe auswendig.
  Wie gehst du dabei vor? Tausche dich mit einem Partnerkind aus.

- flüssig lesen: automatisiert, genau, zügig, sinngestaltend – **Basis**
- Texte auswendig vortragen

Kein Märchen

Bereits der Recke Rodewald
wollte Dornröschen wecken.
Doch half ihm weder Schwur noch Schwert;
er kam nicht durch die Hecken.

Er kam nur bis zum Heckenrand,
der ritzte ihm die Reckenhand.
Auch stachelten die Heckenrosen
sich schmerzhaft durch die Reckenhosen;
laut heulend ist er weggerannt.

Ja, er floh flink das Hindernis,
weil es ihn in den Hintern biss.
Dornröschen schlief wohl hundert Jahr;
richtige Recken sind halt rar.

Gar mancher, der sich Recke nennt,
schon vor der nächsten Hecke rennt.

Bernd Lunghard

der Recke*
der Heckenrand
die Reckenhand
die Heckenrosen
die Reckenhosen
rar**

* ein Held
** selten

- Übe mit einem Partnerkind, den Text flüssig vorzulesen.
- Lest die letzte ▸ Strophe des Gedichts.
  Was wollte der ▸ Autor wohl damit sagen?
  Mancher, der denkt, dass er ein Held ist,
  • rennt besonders gern um Hecken.
  • läuft bei der kleinsten Gefahr davon.
  • liebt besonders Heckenrosen.

Serviettenmärchen

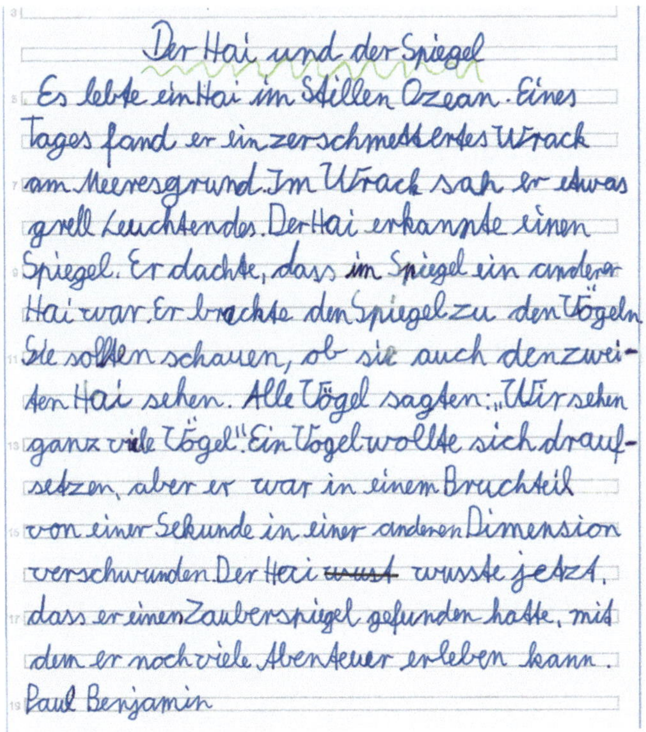

Der Hai und der Spiegel

Es lebte ein Hai im Stillen Ozean. Eines Tages fand er ein zerschmettertes Wrack am Meeresgrund. Im Wrack sah er etwas grell Leuchtendes. Der Hai erkannte einen Spiegel. Er dachte, dass im Spiegel ein anderer Hai war. Er brachte den Spiegel zu den Vögeln. Sie sollten schauen, ob sie auch den zweiten Hai sehen. Alle Vögel sagten: „Wir sehen ganz viele Vögel." Ein Vogel wollte sich draufsetzen, aber er war in einem Bruchteil von einer Sekunde in einer anderen Dimension verschwunden. Der Hai ~~wust~~ wusste jetzt, dass er einen Zauberspiegel gefunden hatte, mit dem er noch viele Abenteuer erleben kann.

Paul Benjamin

nach einer Idee
von Eva Maria Kohl

Packe für einen Freund oder eine Freundin einen Serviettenbeutel mit zwei Dingen (eine Figur und ein Gegenstand).
Tauscht die Serviettenbeutel und schreibt oder erzählt dazu ein Märchen.

Im Winter

Der Winter

Die Pelzkappe voll mit schneeigen Tupfen,
Behäng ich die Bäume mit hellem Kristall.
Ich bringe die Weihnacht und bringe den Schnupfen,
Sylvester* und Halsweh und Karneval.
Ich komme mit Schlitten aus Nord und Nord-Ost.
– Gestatten Sie: Winter. Mit Vornamen: Frost.

Mascha Kaléko

* *heutige Schreibung: Silvester*

So kannst du Texte vergleichen und unterscheiden

Schritt 1: untersuchen, worum es in den Texten geht

Finde das Thema in jedem Text heraus:

- Lies die Überschriften.
- Schau dir die Bilder an.
- Überfliege den Text mit den Augen.
- Worum geht es?

Schritt 2: die Textart bestimmen

Untersuche jeden Text und bestimme die Textart.

Ein ▸ **Sachtext** informiert über Dinge oder Ereignisse.

Eine ▸ **Geschichte** erzählt von Personen oder Tieren. Manchmal sprechen sie miteinander.

Ein ▸ **Gedicht** ist ein Kunstwerk aus Wörtern. Manchmal reimen sich die ▸ Verse (in den ▸ Strophen).

Schritt 3: die Texte vergleichen

Vergleiche das Thema und die Textart.

Du kannst auch vergleichen: Bilder, Schriftgröße, Textlänge, ▸ Autorinnen oder ▸ Autoren, Figuren, Handlungen ...

Winter in Narnia

Das Tageslicht war fast erloschen. Wintertage sind kurz, damit hatte er nicht gerechnet. Er stapfte über den Damm; glücklicherweise war es nicht mehr so glatt, weil Neuschnee gefallen war.
Es wurde schnell dunkler und er konnte in dem Schneetreiben kaum drei Schritte weit sehen.
Es gab nicht einmal eine Straße. Er rutschte in tiefe Schneewehen, schlitterte über gefrorene Tümpel, stolperte über umgestürzte Baumstämme, fiel steile Abhänge hinunter und stieß gegen Felsen. Die Einsamkeit und das Schweigen ringsum waren fürchterlich. Er hätte tatsächlich seinen Plan aufgegeben und wäre zurückgegangen, um sich mit den andern auszusöhnen, wenn er sich nicht immer wieder vorgesagt hätte: „Sobald ich erst König von Narnia bin, werde ich vor allem anständige Straßen bauen.“ Der Wunsch, König zu werden, trieb ihn gehörig an.

C. S. Lewis ◇

Winter bei uns

Der Winter ist hier die kälteste Jahreszeit. Die Temperaturen können unter 0° Celsius fallen. Wenn es richtig kalt ist, gefriert das Wasser in den Pfützen, Seen und Flüssen. Man kann den eigenen Atem sehen. Die Natur ruht jetzt. Die Bäume sind kahl. Die Tiere finden nur noch wenig Nahrung. Viele leben nun vom Winterspeck oder von ihren Vorräten. Das Winterfell schützt die Tiere vor der Kälte. Die Vögel plustern ihr Federkleid auf. Manche Tiere halten sogar Winterschlaf oder Winterruhe. Auch wir Menschen erleben im Winter die Ruhe der Natur. Es wird abends zeitiger dunkel und morgens später hell.

- Worum geht es wohl in den beiden Texten?
- Vergleiche die Texte. Was ist gleich? Was ist unterschiedlich?

Raureif

Es kam zu uns ein stiller Herr,
der liebe Herr November.
War mancher da,
der lauter war,
den froher wir begrüßten.

Wir hatten ihm nichts zugetraut,
dem stillen Herrn November,
da zeigte sich, er konnte was,
er konnte das Verzaubern.
Er machte jeden Halm, den Wald,
den Stacheldraht, die Zäune,
er machte uns
die ganze Welt
zu einem Raureif-Märchen.

Josef Guggenmos

Silberschatz.
Alles ist versilbert.
Bäume im neuen Antlitz.
Die stolze Rose in all ihrer Pracht
an der glitzernden
funkelnden Hagebuttenhecke.
Ihre Blätter
mit einem sanftsilbrigen Rand
hauchzart umzogen.
Sonnenstrahlen
lassen Gräser
in zauberhaftem
silbrigen Weiß erscheinen.

Nicole

Der Schatz im Garten

Unser Garten –
ein silberner Zauber.
Die Hagebutte –
mit Raureif überzogen.
Gelb-grüne Blätter –
zartweiß gefroren.
Die Hagebutte
in ihrer roten Pracht –
ein Feuerball
im Wintergarten.

Melanie

Vergleicht die Texte. Was ist gleich? Was ist unterschiedlich?

Welcher ▸ Vers gefällt dir besonders?

- Unterschiede und Gemeinsamkeiten von Texten beschreiben
- eigene Gedanken zu Texten entwickeln, zu Texten Stellung nehmen und sich mit anderen austauschen

AH S. 19

Wenn es Winter wird

Der See hat eine Haut bekommen,
sodass man fast drauf gehen kann,
und kommt ein großer Fisch geschwommen,
so stößt er mit der Nase an.

Und nimmst du einen Kieselstein
und wirfst ihn drauf, so macht es klirr
und titscher – titscher – titscher – dirr ...
Heißa, du lustiger Kieselstein!
Er zwitschert wie ein Vögelein
und tut als wie ein Schwälblein fliegen –
doch endlich bleibt mein Kieselstein
ganz weit, ganz weit auf dem See draußen liegen.

Da kommen die Fische haufenweis
und schaun durch das klare Fenster von Eis
und denken, der Stein wär' etwas zum Essen;
doch so sehr sie die Nase ans Eis auch pressen,
das Eis ist zu dick, das Eis ist zu alt,
sie machen sich nur die Nasen kalt.

Aber bald, aber bald
werden wir selbst auf eignen Sohlen
hinausgehn können und den Stein wieder holen.

Christian Morgenstern

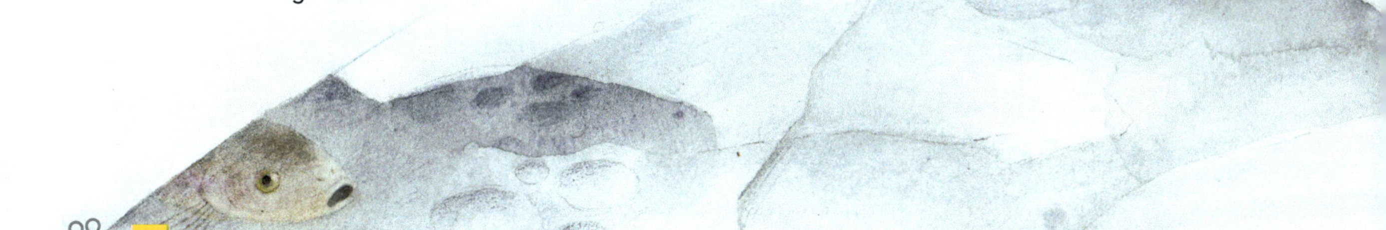

- Welche Geräusche hat Christian Morgenstern in Sprache umgesetzt?
- Sprich das Gedicht so, dass man die Geräusche gut hören kann. Nimm deinen Gedichtvortrag auf.

Welchen Schatten wirft der Weihnachtsmann?

In die Weihnachtsbäckerei gehören …

Lebkuchen • Liebkuchen • Labkuchen

Kinderpansch • Kinderpunsch • Kinderpusch

Nussecken • Nassecken • Nusslecken

Schokozäpfchen • Sockenplätzchen • Schokoplätzchen

Welches der sechs Wörter kommt im Dezemberkalender nicht vor?

Kerzen

Tür

Apfel

Licht

Stern

Blüten

Dezemberkalender

Adventskalenderanfangstag
Wunschzettelschreibtag
Wachskerzengießtag
Kirschblütenzweigtag
Fenstersternefalttag
Schuhvordertürtag
Bratapfeltag
Geschenkeeinkauftag

Hartmut Kulick ◇

Ein Wunsch-Adventskalender für die Klasse

Wie viele Wörter reimen sich? 5 6 7

Was wünscht sich Malin?

1. Übung zum Aufbau der Sinnerwartung
2. Übung zum Überprüfen der Sinnerwartung
3. Übung zur Segmentierung

Lösungen S. 197

Guten Abend, schön Abend

Aus Kärnten
Worte Strophe 2: Ilse Naumilkat
Satz: Magdalene Kemlein

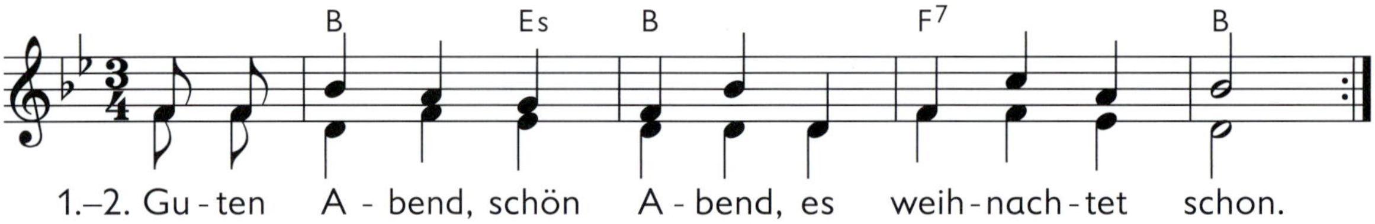

1. Am Kranze die Lichter,
die leuchten so fein,
sie geben der Heimat
einen helllichten Schein.

2. Der Schnee fällt in Flocken
und weiß steht der Wald.
Nun freut euch, ihr Kinder,
die Weihnacht kommt bald.

> Alle singen „Stille Nacht".
> Was für einen Lärm das macht!
>
> Frantz Wittkamp

Der erste Adventskranz

Vor 180 Jahren hat sich der Pastor Johann Hinrich Wichern in Hamburg den Adventskranz ausgedacht.
Er hat sich um viele Kinder ohne Eltern und ohne Zuhause gekümmert.
Er erzählte den Kindern von Jesus und seiner Geburt zu Weihnachten.
Damit den Kindern das Warten auf Weihnachten nicht zu lang wurde, hat der Pastor einen großen Holzreifen in der Kirche aufgehängt.
Darauf brannte eine Kerze und jeden Tag im Dezember kam eine neue Kerze dazu, bis am 24. Dezember 24 Kerzen brannten.
Der Holzreifen wurde von den Kindern mit Tannengrün geschmückt und so zum Adventskranz. Heute haben viele Familien einen Adventskranz, aber meistens nur mit vier Kerzen, für jeden Adventssonntag eine.

- Wähle zwei Texte aus. Vergleiche die Texte.
  Achte auf Textart, Thema und Textgestaltung.
- Welche Bräuche gibt es im Advent oder zu Weihnachten?
  Suche im Internet und stelle einen Brauch in der Klasse vor.

- Unterschiede und Gemeinsamkeiten von Texten beschreiben
- in Text- und anderen Medienangeboten recherchieren

Bischof Nikolaus

Am 6. Dezember ist Nikolaustag. An diesem Tag werden vor allem die Kinder beschenkt. Dieser Brauch ist sehr alt. Nikolaus gab es nämlich wirklich. Er war Bischof und lebte vor mehr als 1500 Jahren in der Stadt Myra, die heute Demre heißt und in der Türkei liegt. Über diesen „echten" Nikolaus gibt es verschiedene ***Legenden****. Die folgende* ***Nikolaus-Legende*** *ist besonders bekannt. Sie erzählt von Kindern und vom Schenken.*

Darstellung von Bischof Nikolaus in einer Kirche in Verona (Italien), um 1350

Die arme Familie

Einmal hörte Nikolaus von drei armen Mädchen, die verkauft werden sollten, weil die Eltern kein Geld mehr besaßen. Das war damals wirklich so: Die Eltern konnten ihre Kinder verkaufen. Und sie taten das auch, wenn sie ihre Kinder nicht mehr ernähren konnten. Nachts, im Schutz der Dunkelheit, ging Nikolaus zum Haus dieser armen Familie und warf drei Goldmünzen durch das offene Fenster. Dabei fiel eine der Münzen in eine Socke, die zum Trocknen aufgehängt war.
Am nächsten Tag fanden die Mädchen das Geld und die Freude war natürlich riesengroß. Nun konnte die Familie die schwere Zeit durchstehen und die Töchter mussten nicht verkauft werden.

Roland Rosenstock ◇

- Was ist eine ▸ Legende? Lies im ▸ Glossar nach. (→ **Lesefaden:** Schritt 2)
- Erkläre, wer Nikolaus ursprünglich war. Lies die passende Textstelle vor.

- Lesestrategien beim Lesen nutzen: Textstellen klären
- Informationen ermitteln: explizit angegebene Informationen finden

Hilfe, die Herdmanns kommen

Der ganze Stadtteil ist sich einig: Die sechs Herdmann-Kinder sind die schlimmsten Kinder aller Zeiten. Jetzt haben die Herdmann-Kinder Ralf, Eugenia, Hedwig, Leopold, Klaus und Olli es sogar geschafft, sämtliche Hauptrollen in dem Krippenspiel * *zu bekommen, das zu Weihnachten aufgeführt werden soll. Natürlich erwartet jeder das schlimmste Krippenspiel aller Zeiten ...*

Aber zunächst lief alles wie immer. Pünktlich um halb acht begann das Krippenspiel.

Nach dem Lied „Zu Bethlehem im Stalle“ sollten wir noch ein bisschen weitersummen, während Maria und Josef durch die Seitentür hereinkamen. Nur, sie kamen nicht. Also summten wir und summten und summten und nach kurzer Zeit klang es wie ein alter Kühlschrank. Ich schätze, wir hätten weitergesummt, bis wir schwarz geworden wären, aber es kam nicht so weit.

Ralf und Eugenia traten auf. Eine Minute lang standen sie einfach da, als ob sie nicht sicher seien, dass sie am richtigen Ort waren. Sie sahen aus wie die Leute, die man manchmal in den Nachrichten sieht: Flüchtlinge, die an einem fremden, kalten Ort wartend herumstehen. Plötzlich wurde mir klar, dass es der echten Heiligen Familie genau so ergangen sein muss. Sie konnten gar nicht besonders sauber ausgesehen haben. Sicher hatten sie eher so ausgesehen wie diese Maria und dieser Josef. (Eugenias Schleier hing schief und Ralfs Haare standen nach allen Seiten ab.) Eugenia hatte die Babypuppe bei sich, aber sie wiegte sie nicht in den Armen, wie man es gewohnt war. Sie hatte sie über die Schulter gelegt, und bevor sie sie in die Krippe legte, klopfte sie ihr zweimal auf den Rücken.

Nach dem Lied „Kommet, ihr Hirten“ kam Hedwig hinter dem Engelchor hervor. Sie schubste die anderen aus dem Weg oder trat ihnen auf die Füße.

„He! Euch ist ein Kind geboren!“, schrie sie und es klang wirklich wie die beste Botschaft der Welt. Alle Hirten zitterten und fürchteten sich – vor Hedwig natürlich, aber jedenfalls wirkte es gut.

Dann kamen die Heiligen Drei Könige. Leopold trug etwas Schweres, einen Schinken. Dafür hatte er das Gefäß mit Weihrauch nicht dabei und Klaus und Olli hatten gar nichts in der Hand, obwohl sie Gold und Myrrhe mitbringen sollten. Leopold ließ den Schinken vor die Krippe fallen und dann setzten sie sich.

Während wir sangen „Gold und Weihrauch bringen wir“, sollten sich die Heiligen Drei Könige unterhalten und hinausgehen. Aber die Herdmanns hatten das entweder vergessen oder sie wollten nicht, jedenfalls unterhielten sie sich nicht und gingen auch nicht. Sie saßen einfach da und niemand konnte etwas dagegen unternehmen.

„Sie verderben alles“, flüsterte Alice. Ich fand, dass die Herdmanns nichts verdarben, sondern das Krippenspiel um vieles verbessert hatten, indem sie einfach das taten, was ihnen logisch erschien.

Als wir „Gottes Sohn, o wie lacht …“ sangen, schaute ich zu Eugenia hinüber. Fast hätte ich mein Gesangbuch fallen lassen. Eugenia Herdmann weinte. Sie machte nicht einmal den Versuch, die Tränen wegzuwischen. Sie saß nur da – die schlimme, schreckliche Eugenia – und weinte und weinte und weinte. Es war wirklich das beste Krippenspiel, das jemals bei uns aufgeführt wurde. Das sagte hinterher jeder, aber niemand schien zu wissen, warum es so war.

Barbara Robinson ◇

* *Aufführung der Weihnachtsgeschichte*

Welche Rollen übernehmen die Herdmann-Kinder im Krippenspiel? Was machen sie anders? (→ **Lesefaden**: Schritt 2)

Wie findest du das Krippenspiel der Herdmann-Kinder? Tausche dich mit einem Partnerkind darüber aus.

- Lesestrategien beim Lesen nutzen: genau lesen, Aussagen markieren
- eigene Gedanken zu Texten entwickeln, zu Texten Stellung nehmen und sich mit anderen austauschen

AH S. 21

Schnee

Wie entsteht Schnee?

Eine Wolke am Himmel besteht aus winzigen kleinen Wasserteilchen. Wenn die Temperatur am Himmel sinkt, gefrieren die Wasserteilchen. Sie lagern sich an kleinen Staubkörnchen in der Luft an und werden zu winzig kleinen Eiskristallen.
Die Eiskristalle sind immer sechseckig.
Wenn viele dieser Eiskristalle sich aneinanderlagern, dann entstehen Schneeflocken. Die Schneeflocken fallen zur Erde, wenn sie zu schwer werden. Damit die Schneeflocken aber wirklich unten ankommen, muss es unten auf der Erde auch unter null Grad Celsius sein.

Winterrätsel

Ich falle vom Himmel
in wirrem Gewimmel.
Ich schimmre
und flimmre
und decke das Land
zahllos wie Sand.

Doch unversehens
im Sonnenschein
schleich ich
und weich ich
und schlüpf ins Dunkel
der Erde hinein.

Friedrich Güll

Schöner Schnee

Manchmal,
wenn es sehr kalt wird,
kommt Schnee.

Bevor der Schnee kommt,
kann man ihn riechen.
Schnee kommt vom Westen her,
vom Osten oder vom Norden
oder vom Süden.

Manchmal kommt Schnee am Morgen,
manchmal mittags, manchmal abends.
Manchmal ist der Schnee schon da.

Elisabeth Borchers

Künstlicher Schnee

Da es auf der Erde immer wärmer wird, gibt es in vielen Ski-Gebieten im Winter nicht genug Schnee zum Skifahren. Darum kommen in manchen Gebieten **Schneekanonen** zum Einsatz. Oft wird mit einem Propeller Wasser und Luft gemischt und dann mit dem Propeller auf der Fläche verteilt. Allerdings ist dieser Schnee nicht so gut wie echter Schnee. Außerdem brauchen die Schneekanonen sehr viel Energie, wodurch die Erderwärmung weiter gefördert wird. Vielleicht solltest du doch lieber auf richtigen Schnee warten.

Verschneite Welt

Herrlicher, glitzernder Schnee
liegt, wohin ich seh.
Wir fahren Ski,
juchhe!

Uns gefällt
die verschneite Welt.
Aber, mein Lieber,
andere denken anders darüber.

Vergraben liegt Gras und Klee.
Zu dem schönsten Pulverschnee
sagt das Reh:
O weh!

Josef Guggenmos

Wähle einen Text. Lies den Text.

Tausche dich mit anderen in einer Lesekonferenz aus:
- Warum hast du den Text ausgewählt? Begründe.
- Was hast du im Text über Schnee erfahren? Erzähle. (→ **Lesefaden**: Schritt 3)
- Vergleicht die Texte. Welche Gemeinsamkeiten und Unterschiede findet ihr?

- Text- und andere Medienangebote begründet auswählen
- Lesestrategien nach dem Lesen nutzen: Textinhalt wiedergeben
- Unterschiede und Gemeinsamkeiten von Texten beschreiben

Ein Jahr ist zu Ende

ihr beschließt
verträglich
listig
verdrießlich
der Glockenturm
ihr stapft

Ein Jahr ist zu Ende.
Nun gebt euch die Hände
und sagt: Alles Gute! Gesundheit und Glück!
Beschließt in Gedanken,
euch nicht mehr zu zanken,
und denkt an die Sünden vom Vorjahr zurück!

Bleibt nett und verträglich,
und drückt euch nicht täglich
vorm Waschen und Lernen auf listige Art!
Tut's auch nicht verdrießlich!
Es bleibt euch ja schließlich,
ob schneller, ob langsamer, doch nicht erspart!

Ein Jahr will beginnen.
Im Glockenturm drinnen
erschrecken die Tauben vom Bimm und vom Bumm.
Seid nicht wie die Tauben!
Ihr müsst an euch glauben.
Stapft fröhlich ins Neujahr und dreht euch nicht um!

James Krüss

- Übe mit einem Partnerkind, den Text flüssig vorzulesen.
- Was wünschst du dir für das neue Jahr?
  Schreibe oder male auf einen Zettel.

- flüssig lesen: automatisiert, genau, zügig, singgestaltend – **Basis**
- eigene Gedanken zu Texten entwickeln, zu Texten Stellung nehmen und sich mit anderen austauschen

Besondere Tage im Jahr

Januar:	Schneemannbautag
	Schlittenfahrtag
Februar:	Vogelfüttertag
	Schlittschuhfahrtag
März:	Frühjahrsputztag
	Schneeglöckchensuchtag
April:	Tulpenblühtag
	Ostereierbemaltag
Mai:	Radfahrtag
	Wiesenpicknicktag
Juni:	Baumklettertag
	Erdbeeresstag
Juli:	Ferienurlaubstag
	Langedraußenspieltag
August:	Freibadfaulenztag
	Sternschnuppengucktag
September:	Pilzefindetag
	Blätterhaufenspringtag
Oktober:	Apfelpflücktag
	Kürbisschnitztag
November:	Wintermützentragtag
	Kakaotrinktag
Dezember:	Geschenkebasteltag
	Plätzchenbacktag

der Schneeglöckchensuchtag
der Wiesenpicknicktag
der Sternschnuppengucktag
der Langedraußenspieltag
der Blätterhaufenspringtag
der Wintermützentragtag

Übe mit einem Partnerkind, den Text flüssig vorzulesen.

Welche besonderen Tage im Jahr fallen dir noch ein? Schreibe sie auf.

- flüssig lesen: automatisiert, genau, zügig, singgestaltend – **Erweiterung**
- handlungs- und produktionsorientiert mit Texten umgehen

Lied der Eiszapfen

Eis
zapfen
zapfen
zapfen
Eis
Zapfen
Zapfen
Eis
Zapfen
Zapfen
klink –

Tropfen
Tropfen
Tropfen
Eis
Tropfen
Tropfen
Eis
Tropfen
Tropfen
Eis
ping –

Zapfen
Zapfen
Zapfen
Eis
Zapfen
Zapfen
Eis
Zapfen
Zapfen
Eis
spring

Eis
zapfen
tropfen
Eis
zapfen
tropfen
Eis
zapfen
tropfen
tropfen
tropfen
Tropfen
blink …

Friedl Hofbauer

Wie klingt das **Lied der Eiszapfen**?
Lies das ▸ Gedicht vor. Dein Partnerkind macht dazu eine Tropfenmusik.
Ihr könnt euren Vortrag auch aufnehmen und präsentieren.

Lesefreunde 3

Name

Das kann ich schon

Cornelsen

Was du in diesem Heft findest:

Erarbeitet von: Marion Gutzmann, Irene Hoppe, Alexandra Ritter, Michael Ritter

Illustrationen von: Christa Unzner, Uta Bettzieche (Hund + Detektiv, Kapitelvignetten), Gabriele Heinisch (Medaille)

Umschlaggestaltung: Cornelia Gründer, Corngreen GmbH, Leipzig; Christa Unzner (Illustration), Uta Bettzieche (Hund + Detektiv)

Layout: tritopp, Berlin

Technische Umsetzung: Reemers Publishing Services GmbH, Krefeld

Materialnr.: 220050490

Bildquellen:
S. 2, S. 17: Shutterstock.com/matsabe (Daumen); S. 4–16: stock.adobe.com/iiierlok_xolms (Rahmen); S. 17: Shutterstock.com/PictuLandra (Girlande ob.re.); Cornelsen, Shutterstock.com/Chones (Pokale), Shutterstock.com/Aleksandrs Bondars (Podest); Cornelsen, Shutterstock.com/PictuLandra (Girlanden), Shutterstock.com/Maaike Boot (Rahmen)

Dieses Heft ist Bestandteil der Lesefreunde 3. Es ist außerdem im 10er-Pack bestellbar (978-3-464-80283-0).

Lesefreunde-Steckbrief

am Anfang des Schuljahres ______________________________

Diese Medien nutze ich am liebsten:

- [ ] Bücher
- [ ] Filme
- [ ] Comics
- [ ] Hörspiele/Hörbücher/Podcasts
- [ ] Zeitschriften
- [ ] Computerspiele/Apps

Diese Themen interessieren mich am meisten:

- [ ] Freundschaft
- [ ] Tiere
- [ ] Märchen
- [ ] Technik/Experimente
- [ ] Natur
- [ ] Detektive/Krimi
- [ ] Abenteuer
- [ ] ________________________

Meine Lieblingsbücher **am Anfang** des Schuljahres:

____

____

So eine Leserin / ein Leser bin ich:

- [ ] Ich höre gern zu, wenn jemand vorliest.
- [ ] Ich lese gern vor.
- [ ] Ich lese gern für mich allein.
- [ ] Ich sehe mir gern Filme zu den Büchern an.
- [ ] Ich lese gern mit einem Partnerkind.

Leseliebling

Datum: ____________

Diesem Text verleihe ich die Gold-Medaille:

______________________________, S. ________

Begründung:

____

____

Lesetraining: unbekannte Wörter klären

So kann ich das schon: ☆ ☆ ☆ ☆

Das möchte ich noch üben:

____

____

Ich habe den **Lesefaden** genutzt:

☐ nie ☐ selten ☐ oft

Hast du deine Lesebilanz auf Seite 20/21 eingetragen?

Mein Wort oder Satz zum Einrahmen:

Meine Unterschrift: ______________________________

Leseliebling

Datum: ______________

Diesem Text verleihe ich die Gold-Medaille:

______________________________, S. ________

Begründung:

____

____

Lesetraining: Informationen in Texten finden

So kann ich das schon: ☆ ☆ ☆ ☆

Das möchte ich noch üben:

____

____

Ich habe den **Lesefaden** genutzt:

☐ nie ☐ selten ☐ oft

Hast du deine Lesebilanz auf Seite 20/21 eingetragen?

Mein Wort oder Satz zum Einrahmen:

____

Meine Unterschrift: ______________________________

Leseliebling

Datum: ____________

Diesem Text verleihe ich die Gold-Medaille:

[   ], S. [   ]

Begründung:

[   ]

[   ]

Lesetraining: sich in eine Figur hineinversetzen

So kann ich das schon: ☆ ☆ ☆ ☆

Das möchte ich noch üben:

[   ]

[   ]

Ich habe den **Lesefaden** genutzt:

☐ nie ☐ selten ☐ oft

Hast du deine Lesebilanz auf Seite 20/21 eingetragen?

Mein Wort oder Satz zum Einrahmen:

Meine Unterschrift: ____________

Leseliebling

Datum: ____________

Diesem Text verleihe ich die Gold-Medaille:

____________________, S. ________

Begründung:

____

____

Lesetraining: Merkmale von Märchen erkennen

So kann ich das schon: ☆ ☆ ☆ ☆

Das möchte ich noch üben:

____

____

Ich habe den **Lesefaden** genutzt:

☐ nie ☐ selten ☐ oft

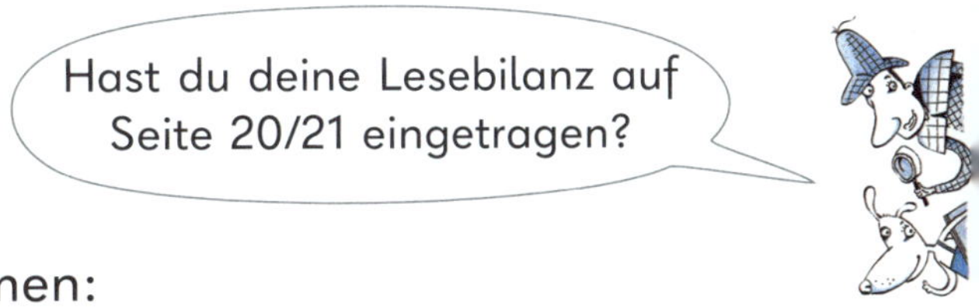

Mein Wort oder Satz zum Einrahmen:

Meine Unterschrift: ____________________

Leseliebling

Datum: ____________

Diesem Text verleihe ich die Gold-Medaille:

____________________, S. ______

Begründung:

____

____

Lesetraining: Texte vergleichen und unterscheiden

So kann ich das schon: ☆ ☆ ☆ ☆

Das möchte ich noch üben:

____

____

Ich habe den **Lesefaden** genutzt:

☐ nie ☐ selten ☐ oft

Hast du deine Lesebilanz auf Seite 20/21 eingetragen?

Mein Wort oder Satz zum Einrahmen:

Meine Unterschrift: ____________

Leseliebling

Datum: ____________

Diesem Text verleihe ich die Gold-Medaille:

______________________________, S. __________

Begründung:

____

____

Lesetraining: das Wichtige in einem Text erkennen

So kann ich das schon: ☆ ☆ ☆ ☆

Das möchte ich noch üben:

____

____

Ich habe den **Lesefaden** genutzt:

☐ nie ☐ selten ☐ oft

Hast du deine Lesebilanz auf Seite 20/21 eingetragen?

Mein Wort oder Satz zum Einrahmen:

____

Meine Unterschrift: ______________________________

Leseliebling

Datum: ______________

Diesem Text verleihe ich die Gold-Medaille:

______________________________, S. ________

Begründung:

____

____

Lesetraining: erkennen, worum es in einem Text geht

So kann ich das schon: ☆ ☆ ☆ ☆

Das möchte ich noch üben:

____

____

Ich habe den **Lesefaden** genutzt:

☐ nie ☐ selten ☐ oft

Hast du deine Lesebilanz auf Seite 20/21 eingetragen?

Mein Wort oder Satz zum Einrahmen:

Meine Unterschrift: ______________________________

Leseliebling

Datum: ____________

Diesem Text verleihe ich die Gold-Medaille:

______________________________, S. ________

Begründung:

____

____

Lesetraining: einen Text auswählen

So kann ich das schon: ☆ ☆ ☆ ☆

Das möchte ich noch üben:

____

____

Ich habe den **Lesefaden** genutzt:

☐ nie ☐ selten ☐ oft

Hast du deine Lesebilanz auf Seite 20/21 eingetragen?

Mein Wort oder Satz zum Einrahmen:

Meine Unterschrift: ______________________________

Leseliebling

Datum: ____________________

Diesem Text verleihe ich die Gold-Medaille:

____________________, S. ________

Begründung:

____

____

Lesetraining: verschiedene Sach- und Gebrauchstexte kennen

So kann ich das schon: ☆ ☆ ☆ ☆

Das möchte ich noch üben:

____

____

Ich habe den **Lesefaden** genutzt:

☐ nie ☐ selten ☐ oft

Hast du deine Lesebilanz auf Seite 20/21 eingetragen?

Mein Wort oder Satz zum Einrahmen:

Meine Unterschrift: ____________________

Leseliebling

Datum: ____________

Diesem Text verleihe ich die Gold-Medaille:

______________________________, S. ________

Begründung:

____

____

Lesetraining: Angebote im Internet auswählen

So kann ich das schon: ☆ ☆ ☆ ☆

Das möchte ich noch üben:

____

____

Ich habe den **Lesefaden** genutzt:

☐ nie ☐ selten ☐ oft

Hast du deine Lesebilanz auf Seite 20/21 eingetragen?

Mein Wort oder Satz zum Einrahmen:

____

Meine Unterschrift: ______________________________

Leseliebling

Datum: ______________

Diesem Text verleihe ich die Gold-Medaille:

______________________________, S. ________

Begründung:

____

____

Lesetraining: einen Text mit eigenen Worten wiedergeben

So kann ich das schon: ☆ ☆ ☆ ☆

Das möchte ich noch üben:

____

____

Ich habe den **Lesefaden** genutzt:

☐ nie ☐ selten ☐ oft

Hast du deine Lesebilanz auf Seite 20/21 eingetragen?

Mein Wort oder Satz zum Einrahmen:

Meine Unterschrift: ______________________________

Leseliebling

Datum: ____________

Diesem Text verleihe ich die Gold-Medaille:

____________________, S. ______

Begründung:

____

____

Lesetraining: **Figuren aus Büchern kennenlernen**

So kann ich das schon: ☆ ☆ ☆ ☆

Das möchte ich noch üben:

____

____

Ich habe den **Lesefaden** genutzt:

☐ nie ☐ selten ☐ oft

Hast du deine Lesebilanz auf Seite 20/21 eingetragen?

Mein Wort oder Satz zum Einrahmen:

Meine Unterschrift: ____________________

Leseliebling

Datum: ____________

Diesem Text verleihe ich die Gold-Medaille:

____________________, S. ________

Begründung:

____

____

Lesetraining: Vorstellungen zum Textinhalt entwickeln

So kann ich das schon: ☆ ☆ ☆ ☆

Das möchte ich noch üben:

____

____

Ich habe den **Lesefaden** genutzt:

☐ nie ☐ selten ☐ oft

Hast du deine Lesebilanz auf Seite 20/21 eingetragen?

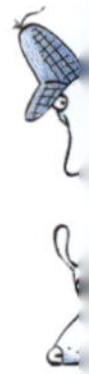

Mein Wort oder Satz zum Einrahmen:

____

Meine Unterschrift: ____________________

Meine Lesefreunde und

Meine TOP-3-Leselieblinge im Lesebuch:

Die schönste Seite:

S. ____________

Dieser Text hat mich zum Nachdenken gebracht:

Dieser Text war zum Gähnen:

Mein coolster Text:

Mein lustigster Text:

Partnerlesen: Selbsteinschätzung

So ist mir das Partnerlesen gelungen:

Ich kann	den Text flüssig vorlesen	(beinahe) fehlerfrei vorlesen	passende Pausen machen
S. ____	☆☆☆	☆☆☆	☆☆☆
S. ____	☆☆☆	☆☆☆	☆☆☆
S. ____	☆☆☆	☆☆☆	☆☆☆
S. ____	☆☆☆	☆☆☆	☆☆☆
S. ____	☆☆☆	☆☆☆	☆☆☆
S. ____	☆☆☆	☆☆☆	☆☆☆
S. ____	☆☆☆	☆☆☆	☆☆☆
S. ____	☆☆☆	☆☆☆	☆☆☆
S. ____	☆☆☆	☆☆☆	☆☆☆
S. ____	☆☆☆	☆☆☆	☆☆☆
S. ____	☆☆☆	☆☆☆	☆☆☆
S. ____	☆☆☆	☆☆☆	☆☆☆
S. ____	☆☆☆	☆☆☆	☆☆☆

Partnerlesen: Partnereinschätzung

So ist dir das Partnerlesen gelungen:

Du kannst	den Text flüssig vorlesen	(beinahe) fehlerfrei vorlesen	passende Pausen machen	Unterschrift
S. ____	☆☆☆	☆☆☆	☆☆☆	
S. ____	☆☆☆	☆☆☆	☆☆☆	
S. ____	☆☆☆	☆☆☆	☆☆☆	
S. ____	☆☆☆	☆☆☆	☆☆☆	
S. ____	☆☆☆	☆☆☆	☆☆☆	
S. ____	☆☆☆	☆☆☆	☆☆☆	
S. ____	☆☆☆	☆☆☆	☆☆☆	
S. ____	☆☆☆	☆☆☆	☆☆☆	
S. ____	☆☆☆	☆☆☆	☆☆☆	
S. ____	☆☆☆	☆☆☆	☆☆☆	
S. ____	☆☆☆	☆☆☆	☆☆☆	
S. ____	☆☆☆	☆☆☆	☆☆☆	
S. ____	☆☆☆	☆☆☆	☆☆☆	

Meine Lesebilanz

Male für jeden Text, den du im Kapitel gelesen hast, ein Kästchen in der passenden Spalte aus.

viele

einige

wenige

Diese Texte habe ich gelesen: Märchen, Geschichten, Gedichte, Sachtexte, Witze, Rätsel, Rezepte

Nimm für jedes Kapitel eine andere Farbe.

Kindertexte

Knobeleien

Fabeln

Lieder

Sagen

Anleitungen

andere Texte

Texte lesen und verstehen mit dem Lesefaden

Vor dem Lesen

Beim Lesen

Nach dem Lesen

Diese Schritte des Lesefadens nutze ich:	häufig	selten
Ich lese die Überschrift und betrachte die Bilder.		
Ich überlege: • Worum geht es wohl?		
• Was weiß ich schon über das Thema?		
• Was möchte ich noch wissen oder erfahren?		
Ich lese den Text langsam und genau.		
Ich kläre Wörter, die ich nicht verstehe. Ich nutze Erklärungen.		
Ich notiere wichtige Wörter und Wortgruppen.		
Ich formuliere zum Text oder zu jedem Abschnitt eine Überschrift.		
Ich erstelle einen roten Faden.		
Ich erstelle einen Steckbrief.		
Ich gebe den Inhalt des Textes mithilfe meiner Notizen wieder.		

Lesefreunde-Steckbrief

am Ende des Schuljahres ______________________

Diese Medien nutze ich am liebsten:

- ☐ Bücher
- ☐ Filme
- ☐ Comics
- ☐ Hörspiele/Hörbücher/Podcasts
- ☐ Zeitschriften
- ☐ Computerspiele/Apps

Diese Themen interessieren mich am meisten:

- ☐ Freundschaft
- ☐ Tiere
- ☐ Märchen
- ☐ Technik/Experimente
- ☐ Natur
- ☐ Detektive/Krimi
- ☐ Abenteuer
- ☐ ______________________

Meine Lieblingsbücher **am Ende** des Schuljahres:

____

____

So eine Leserin / ein Leser bin ich:

- ☐ Ich höre gern zu, wenn jemand vorliest.
- ☐ Ich lese gern vor.
- ☐ Ich lese gern für mich allein.
- ☐ Ich sehe mir gern Filme zu den Büchern an.
- ☐ Ich lese gern mit einem Partnerkind.

Ein Brief von meiner Lehrerin / meinem Lehrer

Liebe(r) ______________________________ ,

herzlichen Glückwunsch: Schon wieder hast du ein Schuljahr geschafft. Und beim Lesen hast du auch viele Fortschritte gemacht.

Ich habe gemerkt, dass du ______________________

in deinem **Lesefreunde**-Lesebuch liest.

Besonders interessierst du dich wohl für __________

______________________________ . Das freut mich.

Beim **Partnerlesen** konnte ich beobachten, dass du

______________________________________ .

Die Aufgaben zum **Lesetraining** __________________

______________________________________ .

Mit dem **Lesefaden** hast du ____________________

______________________________________ .

Ich bin schon sehr gespannt, welche der Lese-Ideen du im **3 × 4 Lesewettbewerb** in den Ferien schaffen wirst. Vielleicht schickst du ja einer Freundin oder einem Freund ein Foto von dir und einer Lese-Aktion.

Schöne Ferien wünscht dir

____

Das tut mir gut

Frühglück

Heute hat mich die Freude geweckt
einfach so
sie hat mir einen Kakao gelacht
und mit mir Frühstücksbrote geschmunzelt
das wird ein guter Tag
das ist ein guter Tag

Lena Raubaum

Schwerpunkt-Kompetenzen:
- Lesestrategien nach dem Lesen nutzen: zentrale Aussagen erfassen und wiedergeben
- eigene Gedanken zu Texten entwickeln, zu Texten Stellung nehmen und sich mit anderen austauschen

So kannst du lernen, das Wichtige in einem Text zu erkennen

Tipp 1: zu einem Text zeichnen

Worum geht es hauptsächlich im Text?
Zeichne dazu.
Gib deinem Bild einen ▸ Titel.

Tipp 2: Überschriften formulieren

Überlege, welche Überschriften auch zum Text oder zu einzelnen ▸ Abschnitten passen.

Das allerbeste Gefühl auf der ganzen Welt

- Schreibe sie auf einzelne Papierstreifen.
- Lege die Überschriften über den Text oder die Abschnitte.
- Prüfe nun, welche Überschrift am besten passt.

Das mag ich

Tipp 3: überlegen, welche Gedanken die Autorin / der Autor beim Schreiben des Textes wohl hatte

Welche Gedanken könnten es sein?
Tauscht eure Vermutungen aus.

Lesestrategien nach dem Lesen nutzen: zentrale Aussagen erfassen und wiedergeben

Was gemütlich ist

In einem Zelt sitzen,
wenn es draußen regnet.
Abends im Bett liegen und von ferne hören,
wie sich die Eltern unterhalten.
Ein bisschen krank sein, und die Mutter
bringt einem das Frühstück.
Kranksein und was mitgebracht kriegen.
Im Winter von draußen
in ein warmes Zimmer kommen.
Mit jemandem im Bett liegen.
Wenn alle im Zimmer sind
und sich nicht zanken.
Im Sommer unter einem Baum liegen,
und die Fliegen summen.
Auf dem Klo sitzen und Mickymaus-Hefte lesen.
Im dunklen Zimmer liegen,
wenn noch alle andern auf sind,
und durch den Türspalt das Flurlicht sehen.

Roswitha Fröhlich

Finde eine andere passende Überschrift zum Text. Tauscht euch aus. (→ **Lesefaden**: Schritt 3)

Welche Gedanken hat sich die ▸ Autorin wohl beim Schreiben des Textes gemacht? Tauscht eure Vermutungen aus.

Ein tolles Gefühl

Lola Lachmann wohnt mit ihrer Mutter auf einem Hausboot. Seitdem ihr Vater die Familie verlassen hat, ist sie unglücklich. Durch die Freundschaft mit ihrem Klassenkameraden Rèbin geht es ihr langsam besser.

Durch das runde Küchenfenster sah Lola ihre Mutter, die dabei war, ihre Arbeitskleidung zum Lüften aufzuhängen. Sie hatte sich ein leichtes Sommerkleid angezogen, auf dem rote große Mohnblumen leuchteten, und in ihrem Haar steckte eine rote Rose. Lola liebte das Kleid. Es erinnerte sie immer an den letzten Urlaub, den sie zusammen mit Papa gemacht hatten. Papa hatte Mama das Kleid gekauft und gesagt, sie sei darin schöner als der Sonnenuntergang über dem Meer. Mama hatte gestrahlt, und sie hatten sich geküsst. Lola war sehr glücklich gewesen. Denn immer, wenn es ihren Eltern miteinander gut gegangen war, hatte sie das Gefühl gehabt, richtig zu sein.

Lola fragte sich, wann sie das letzte Mal das Gefühl gehabt hatte, richtig zu sein. Als Rèbin ihr gesagt hatte, dass er mit ihr befreundet sein wollte. Ja, da hatte sie sich richtig gefühlt. „Mama, wann hast du dich das letzte Mal richtig gefühlt?“ „Was meinst du damit, wann ich mich das letzte Mal richtig gefühlt habe?“ „Na, wann du zur richtigen Zeit am richtigen Ort mit den richtigen Menschen warst und es dir richtig gut ging und du nichts falsch gemacht hast?“ Frau Lachmann strich sich eine Haarlocke aus dem Gesicht. „Das ist gar keine leichte Frage! Aber ich würde mal sagen, dass ich mich jetzt gerade richtig fühle. Ich bin glücklich, dich zu sehen, genieße das schöne Wetter und habe mein Lieblingskleid an.“

Annette Mierswa

- Was bedeutet es für Lola, sich **richtig** zu fühlen? Lies Zeile 13-19.
- Das Buch **Lola auf der Erbse** gibt es auch als Film. Finde heraus, wer die Hauptrolle spielt. Nutze dazu das Internet.

- die Perspektive von literarischen Figuren einnehmen
- in Text- und anderen Medienangeboten recherchieren

Sätze, die guttun können

DU BIST MIR WICHTIG.

DU SCHAFFST DAS.

ICH MAG DEIN LACHEN.

ICH HAB DICH VERMISST.

WIR PASSEN GUT

AUFEINANDER AUF.

ES IST SCHÖN MIT DIR.

KOMM KUSCHELN.

ICH BIN FÜR DICH DA.

ALLES KANN GUT WERDEN.

WIR HALTEN ZUSAMMEN.

ICH BIN SO FROH, DASS ES DICH GIBT.

Lena Raubaum

Liebkoselied

Schenk mir ein Liebkosewort,
dann fliegen meine Sorgen fort,
die großen und die kleinen,
dann muss ich nicht mehr weinen
und freue mich den ganzen Tag,
dass mich jemand gerne mag.

Monika Erhardt

Welche Überschrift passt besonders gut zu den Texten auf dieser Seite?

Lachen ist gesund | Was uns tröstet

Das schenk ich dir | Weg mit den Sorgen

Was tröstet dich, wenn du Sorgen hast und traurig bist?
Erzähle oder schreibe auf.

- Lesestrategien nach dem Lesen nutzen: zentrale Aussagen erfassen und wiedergeben
- eigene Gedanken zu Texten entwickeln, zu Texten Stellung nehmen und sich mit anderen austauschen

999 Witze für Kinder

Mr* Osho wartet, bis Yasmin sich gesetzt hat, dann sagt er: „Der Nächste ist ... Billy?“ Er zwinkert mir zu und klatscht, und alle tun es ihm gleich. Ich stehe auf und gehe langsam mit meinem Vortragsmaterial nach vorn. Ich vermeide es, William Blakemore anzuschauen. Kein Plan, egal wie gut, kann verhindern, dass er mich nervös macht. Stattdessen sehe ich Mr Osho und Skyla an, denn sie lächeln. Ich hole mein liebstes Buch mit Witzen heraus, *999 Witze für Kinder*, und zeige es der Klasse. Dann hebe ich mein erstes Schild. Darauf steht in großen, dicken Buchstaben:

ICH HEISSE BILLY PLIMPTON,
UND ICH STOTTERE.

Meine Hand zittert, als würde sie nicht mir gehören. Ich lege das Schild weg, greife nach dem zweiten, dann nach dem dritten:

ICH HABE EIN BUCH
MIT WITZEN MITGEBRACHT ...

... ICH LIEBE WITZE.

Im Klassenzimmer ist es ganz still. Ich habe noch fünf Schilder vor mir:

LEIDER KANN ICH EUCH
HEUTE KEINEN ERZÄHLEN.

ES IST SCHWIERIG, EINEN WITZ ZU
ERZÄHLEN, WENN MAN KEINEN
SATZ ZU ENDE BRINGEN KANN.

Ich höre ein paar Mädchen sagen: „Aaah“, und „Der Arme.“

DAS WAR’S.

Ich verbeuge mich und halte die letzten zwei Schilder hoch.

JETZT BITTE KLATSCHEN
UND JUBELN …

Und sie tun es! Sie klatschen tatsächlich, und irgendjemand pfeift sogar. Ich schaue zu Mr Osho, denn ich befürchte, er denkt, dass ich geschummelt habe, weil ich nichts erzählt, sondern bloß Schilder hochgehalten habe, und dass er Mum das alles am Telefon erzählen wird. Aber sein breites Lächeln verrät mir, dass er keine Einwände hat. Also hebe ich mein letztes Schild.

… UND ICH WERDE DAS
COOLSTE KIND AN DER
GANZEN SCHULE SEIN.

Alle lachen laut, als sie das lesen, und ich verbeuge mich noch mal und kehre an meinen Platz zurück. Alex hebt eine Hand zum Abklatschen, und Josh und Matthew tun es auch. Mir schwirrt der Kopf, meine Ohren glühen. Trotzdem fühle ich mich gut. Die Leute haben gelacht! Ich bin fast erleichtert. Jetzt muss ich mein Stottern nicht mehr verheimlichen.

Helen Rutter ◈

* *Mr: Abkürzung für Mister = Herr*

Überlege, welche Überschrift außerdem zum Text passt. Schreibe die Überschrift auf einen Papierstreifen. (→ **Lesefaden**: Schritt 3)

Welche Gedanken hat sich die ▸ Autorin wohl beim Schreiben des Textes gemacht? Tauscht eure Vermutungen aus.

Klettergerüst

Obenrauf und obenher,
einmal kreuz und einmal quer,
obendrüber obendrein
kann ja nicht so schwierig sein.
Erst mal oben durch und dann
fang ich wieder unten an.

Regina Schwarz

Scherzfragen für gute Laune

- Welche Krankheit hat noch in keinem Land geherrscht?
- In welchem Monat sprechen die Leute am wenigsten?
- Was ist bei einer Mücke groß, bei einem Kamel klein?
- Wer hört alles und sagt nichts?
- Wie fängt jedes Lachen an?

Lachen ist gesund

Beim Lachen lacht auch Lachen das Herz kräftig mit.
Es schlägt schneller und das ist Gewebe
wird besser durchblutet.
Für die vielen Lachmuskeln im Gesicht ist Lachen
auch eine ausgezeichnete die Gymnastik.
Lachen baut Angst und Ärger beste ab.
Lachen stärkt Medizin deine Abwehrkräfte.

1. Übung zur Segmentierung
2./3. Übung zum Überprüfen der Sinnerwartung

Lösungen S. 197

Rezept gegen Traurigkeit

- Tränen trocknen
- ein Trullalied trällern
- mit Trostpflaster trösten
- auf der Trompete tröten
- vom Trampolin träumen

Antje Damm

3. Mai – Welttag des Lachens

gemeinsam | verbunden | Welttag | Jahren

Am 3. Mai ist der ◎◎◎ des Lachens.
Es gibt ihn seit über 20 ◎◎◎.
An dem Tag sollen die Menschen ◎◎◎ lachen.
Durch das Lachen sollen die Menschen sich ◎◎◎ fühlen und der Frieden und das gute Zusammenleben gestärkt werden.

1. Übung zur Segmentierung
2./3. Übung zum Aufbau der Sinnerwartung

Lösungen S. 197

Manchmal möchte ich ...

So im Schatten liegen möcht ich

So im Schatten liegen möcht ich
und den Vögeln zusehen,
wie sie mit dem Wind ihre
Pfeilspiele treiben.
In die weißen Wolken schaun
und sie bei ihren
Verwandlungskünsten ertappen.

So im Schatten liegen möcht ich
und eine Raupe bei ihrem
Mittagessen betrachten
und ihre Borsten zählen.
Die zitternden Grashalme ansehn
und beobachten,
wie sie ihre Samen fallen lassen.

So im Schatten liegen möcht ich
und spüren,
wie mir die Sonne
an den Beinen hochklettert.
Zusehn,
wie sich die Katze
gründlich wäscht,
und versuchen,
ob ich aus ihrer Sicht
die Welt betrachten kann.

Erwin Moser

Manchmal

Manchmal
träume ich, ich bin ein Riese.
Manchmal
träume ich, ich bin ein Zwerg.
Manchmal
lieg ich auf einer Wiese.
Manchmal
steig ich auf einen Berg.

Manchmal
fühl ich mich allein.
Allein ...
mag ich nicht sein.

Manfred Schlüter

Faulenzen

Manchmal möchte
man
faulenzen
wie ein
Gulli im
Sonnenschein,
wie ein
Rasenmäher
im Winter,
wie eine
Nachttischlampe
am
Tag.

Josef Reding

Einfach alles

Ich möcht ein Sack voll Blödsinn sein,
möcht tagelang nur lachen
und kreuz und quer
und vorneweg
und hinterdrein
die tollsten Sprünge machen.

Ich möcht ein Baum im Walde sein
und sanft im Wind mich wiegen,
und mutig und voll Lust
stets neue Blätter kriegen.

Ich möchte einfach alles sein,
möcht stille stehn
und springen.
Und wenn ich einmal traurig bin,
hört ihr mich leise singen.

Klaus Kordon

Ich möchte ein Baum im Walde sein

Manchmal träume ich, ich bin …

Die zitternden Grashalme ansehn

Du kannst auch
ein eigenes Gedicht schreiben.
Nutze dafür die Überschriften
oder Textanfänge.

Wähle einen Text. Lies den Text.

Tausche dich mit anderen in einer Lesekonferenz aus:

- Warum hast du den Text ausgewählt? Begründe.
- Welche Zeilen findest du in deinem Text besonders schön? Stellt eure Lieblingszeilen in der Klasse aus.
- Wie viele ▸ Strophen, wie viele ▸ Verse hat dein ▸ Gedicht?

- Text- und andere Medienangebote begründet auswählen
- eigene Gedanken zu Texten entwickeln und sich mit anderen austauschen
- erzählende, lyrische, szenische Texte und ihre Merkmale kennen und unterscheiden

AH S. 24

Kinder und ihre Hobbys

das Tablet*
am allerliebsten
das Lieblingspony*
die Musikschule
sie applaudieren

* sprich: Täblett
* sprich: Lieblingsponni

Ich mache sehr gerne
Spiele auf dem Tablet.
Mit meinen Freundinnen
verabrede ich mich manchmal
am Nachmittag zum Spielen.
Sumi

Am allerliebsten spiele ich mit meinen
Freunden Fußball. In der Pause rennen
immer zwei von uns vor, um die Tore
zu besetzen. Am liebsten würde ich
in einem Verein spielen.
Jan

Mittwochs habe ich immer Reiten.
Vor dem Unterricht müssen alle
ihr Pony putzen und satteln.
Mein Lieblingspony heißt Gerti.
Luise

Seit der ersten Klasse lerne ich in
der Musikschule, Klavier zu spielen.
Das macht riesigen Spaß. Einmal bin ich
vor richtigem Publikum aufgetreten.
Am Schluss haben alle begeistert applaudiert.
Marco

Übe mit einem Partnerkind, den Text flüssig vorzulesen.

Wähle gemeinsam mit deinem Partnerkind einen Text aus.
Schreibt auf Papierstreifen Überschriften für diesen Text.
Prüft, welche Überschrift besonders gut passt. (→ **Lesefaden**: Schritt 3)

- flüssig lesen: automatisiert, genau, zügig, sinngestaltend – **Basis**
- Lesestrategien nach dem Lesen nutzen: zentrale Aussagen erfassen und wiedergeben

AH S. 23

Ein Hobby macht Schule

die Bienenvölker
die Imkereien
den Honig schleudern
der Bienenstock
die AG* Imkern
der Lindenblütenhonig

* *sprich: Ah Geh; Abkürzung für Arbeitsgemeinschaft*

Stimmt es, dass sich eure Schule am Projekt „Bienen machen Schule“ beteiligt?
Ja, das stimmt. Seit zwei Jahren ist unsere Schule auch dabei.

Wie habt ihr euch darauf vorbereitet?
Wir haben uns zunächst im Unterricht mit der Bedeutung der Bienen und den Aufgaben als Imker beschäftigt.

Das war sicherlich schon viel Wissen, was ihr da zusammengetragen habt. Und wie ging es dann weiter?
Wir konnten Bienenvölker in mehreren Imkereien besuchen. Dort haben wir erlebt, wie der Honig geschleudert und in Gläser abgefüllt wird.

Und nun macht ihr das an eurer Schule selbst und stellt euren eigenen Honig her. Wie viele Bienen betreut ihr?
Wir haben einen Bienenstock mit 15 000 Bienen im Schulgarten. In jedem Jahr ernten die Mitglieder der AG Imkern etwa 120–140 Gläser eigenen Honig.

Was ist das für eine Honigsorte?
Es ist Lindenblütenhonig. Auf unserem Schulhof und im Schulgarten wachsen viele Linden. Im Juni ist es besonders schön hier, wenn die Lindenblüten duften und die Bienen summen.

Vielen Dank für das Gespräch. Ihr habt wirklich ein tolles Hobby. Ich bin gespannt, wie euer Honig schmeckt.

Übe mit einem Partnerkind, den Text flüssig vorzulesen.

An welchen Schulen in deiner Nähe gibt es auch eine AG Imkern? Nutze das Internet.

- flüssig lesen: automatisiert, genau, zügig, sinngestaltend – **Erweiterung**
- in Text- und anderen Medienangeboten recherchieren

Come sta? Sto bene

Es war einmal ein Mann,
der hörte am allerbesten.
Den fragten wir: „Wie geht's auf der Welt?
Was gibt es Neues im Westen?"

Er legte sein Ohr auf die Erde:
„In Frankreich traben drei Pferde.
Es springen auch vier Fohlen,
die hüpfen im Osten, in Polen.
In Dänemark, im Norden oben,
höre ich spielende Kinder toben.
Im Süden, in Italien, da
fragt einer den andern: ‚Come sta?'
‚Sto bene', spricht der andre jetzt.
‚Wie geht's?' – ‚Mir geht's gut',
heißt das übersetzt."

Möge es allen bene gehn,
die mit uns auf dieser Erde stehn.

Josef Guggenmos

Du kannst auch eine Übersetzungs-App nutzen.

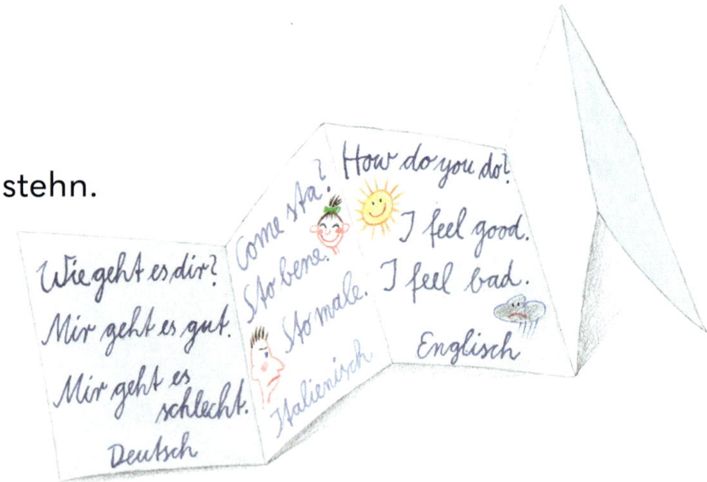

Lege ein kleines **Wie geht es dir?**-Wörterbuch in verschiedenen Sprachen an. Befrage dazu Menschen, die andere Sprachen sprechen, oder nutze Wörterbücher in anderen Sprachen und das Internet.

- handlungs- und produktionsorientiert mit Texten umgehen
- in Text- und anderen Medienangeboten recherchieren

Früher und heute

Hat alles seine Zeit
Das Nahe wird weit
Das Warme wird kalt
Der Junge wird alt
Das Kalte wird warm
Der Reiche wird arm
Der Narre gescheit
Alles zu seiner Zeit.

Johann Wolfgang von Goethe

Schwerpunkt-Kompetenzen:

- Lesestrategien vor dem Lesen nutzen: Vermutungen anstellen, Vorwissen aktivieren, Textsorte klären, Leseziel formulieren
- Lesestrategien beim Lesen nutzen: genau lesen

So kannst du schnell erkennen, worum es in einem Text geht

Tipp 1: sich an Überschriften orientieren

Lies die Überschriften.
Sie informieren dich über den Inhalt des Textes.

Wie Riesa zu seinem Namen kam

Es lebte einmal vor langer, langer Zeit
Wanderung durch die große, weite We

Tipp 2: sich an Bildern orientieren

Betrachte die Bilder,
bevor du den Text liest.
Sie zeigen oft wichtige Orte
oder Figuren aus dem Text.

Tipp 3: auf Hervorhebungen achten

Orientiere dich an besonders gedruckten Wörtern oder Angaben unter dem Text. Sie geben dir Hinweise zum Inhalt des Textes.

Der **Frauenfußball** hatte
schwer. Viele glaubten, d
passender Sport für Mäd

Tipp 4: den Text überfliegen

Lies nicht jede Zeile genau.
Lies nicht jedes einzelne Wort.
Du sollst nur einen ersten Eindruck vom Textinhalt gewinnen.

Zwei Orte – zwei ▸ Sagen

Wie Riesa zu seinem Namen kam

Es lebte einmal vor langer, langer Zeit ein Riese, der sich auf eine Wanderung durch die große, weite Welt machen wollte. So nahm er seine schwere Holzkeule auf die Schulter und ging mit Riesenschritten los. Nachdem er einige Tage gewandert war, kam er an das Ufer der Elbe und machte dort eine kleine Rast. Dabei merkte er, dass viel Sand in seine Stiefel gekommen war. Flugs zog er sie aus und ließ den angesammelten Sand herausrinnen. Das wurde – kaum sollte man es glauben – so viel, dass ein kleiner Sandhügel entstand. Als einige Zeit vergangen war, kamen Menschen in diese Gegend. Sie fanden es schön hier, bauten ihre Hütten, Häuser und sogar ein Schloss auf diesem Hügel aus Sand, sodass eine ganze Stadt entstand. Diese nannten sie aus Dankbarkeit und in Erinnerung an den Riesen, der diesen schönen Platz geschaffen hatte: **Riesa**.

Sage aus Sachsen

Wie Dabel zu seinem Namen kam

Ein Jäger aus Turloff beschoss einen Hirsch und verfolgte diesen mit einem jungen Jagdhund auf der Wundfährte. Die Suche führte über grünende Wiesen und durch dichte Kiefernwälder, die von starken Eichen umgeben waren. Bei dem verwundeten Hirsch angekommen, ermunterte der Jäger den jungen Hund zum Lautgeben: „Da bell, da bell, da bell.“ Von Stund an hieß der Ort nun **Dabel**.

Sage aus Mecklenburg-Vorpommern

Lies die Überschriften und die Angaben unter den Texten. Betrachte die Bilder. Worum geht es in den Texten? (→ **Lesefaden:** Schritt 1)

Finde heraus, wie ein Ort in deiner Nähe zu seinem Namen kam. Nutze das Internet. Tauscht euch dazu aus.

- Lesestrategien vor dem Lesen nutzen: Vermutungen anstellen
- in Text- und anderen Medienangeboten recherchieren

Rund ums Leder

Überall auf der Welt spielt man Fußball. Bei Kindern gehört **Fußball zur beliebtesten Sportart**. In Deutschland spielen etwa zwei Millionen Jungen und Mädchen in 25 000 Vereinen Fußball.

Kemari, Fußball im alten China

Schon **vor über 2000 Jahren** gab es **in China** ein ähnliches Spiel. Der Ball war aus Lederstücken zusammengenäht und mit Federn und Tierhaaren gefüllt. Einheitliche Regeln gab es nicht. Jeder durfte den Ball auch mit den Händen berühren.

Es war eine Sensation, als 1863 **in England die erste Fußballregel** festgelegt wurde: „Wir beschließen, dass Fußball mit dem Fuß gespielt wird. Niemand außer dem Torwart darf die Hände zu Hilfe nehmen.“ Die Mannschaft bestand damals aus 15 bis 20 Spielern. Das Spiel verbreitete sich schnell in anderen Ländern. 1870 wurde festgelegt, dass in einer Mannschaft nur **11 Spieler** sind.

FC Sheffield, gegründet 1857, erster Fußballverein der Welt

1930 fand **die erste Fußball-WM** in Uruguay statt. 13 Mannschaften nahmen daran teil. Sieger war der Gastgeber. Aus Kostengründen verzichtete Deutschland damals darauf, nach Südamerika zu reisen.

Frauenfußball WM 2019 Finale USA – Niederlande

Der **Frauenfußball** hatte es lange Zeit ziemlich schwer. Viele glaubten, dass Fußball kein passender Sport für Mädchen und Frauen sei. Erst 1991 konnte die **erste Fußball-WM der Frauen** ausgetragen werden. Heute sehen sich über eine Milliarde Menschen zu Hause oder im Stadion die Spiele an.

- Lies zuerst nur die fett gedruckten Wörter. Worum geht es im Text? (→ **Lesefaden**: Schritt 1)
- Lies den Text genau. Was hast du Interessantes zu den ersten Fußballspielen erfahren? (→ **Lesefaden**: Schritt 2)

- Lesestrategien vor dem Lesen nutzen: Vermutungen anstellen
- Lesestrategien beim Lesen nutzen: genau lesen

AH S. 29

Ein schweres Spiel für die Wilden Fußballkerle

Die Wilden Fußballkerle treten beim letzten Spiel der Saison gegen die SpVgg Unterhaching an. Ob sie es schaffen, diesen Gegner zu schlagen? Deniz erzählt:*

Schon beim Anstoß überrollten wir unseren Gegner. Marlon passte nach rechts außen auf mich. Ich schlug die knallharte Flanke vors Tor. Dort warf sich Leon mit dem Fuß gegen den Ball. Null zu eins! Das lief wie am Schnürchen. Doch die SpVgg Unterhaching gab nicht auf. Nur mit Mühe retteten wir unseren Vorsprung bis zur Pause. Doch die war zu kurz. Der Gegner war ein Jahr älter und zwei Köpfe größer. In der zweiten Hälfte verließen uns unsere Kräfte.

Fünf Minuten vor Schluss lag Haching** mit zwei zu eins vorn. Da erkämpfte sich Leon den Ball, dribbelte sich durch drei Bewacher hindurch. Doch er wurde gefoult. Der Schiedsrichter gab einen Strafstoß für uns. Den übernahm natürlich Vanessa. Zwei zu zwei.

Der Gegner spielte den Anstoß. Ich lief in den Pass, bekam den Ball und stürmte auf das Tor zu. Doch ich war allein. Verflixt! Die anderen konnten nicht mehr. So kämpfte ich mich durch meine Gegner wie eine Lokomotive auf Schienen. Erst als ich mit dem Ball ins Netz fiel, bemerkte ich, wo ich war.

Wir hatten gewonnen. Wir hatten es wirklich geschafft.

Joachim Masannek ◇

* *Spielvereinigung*
** *Kurzform für Unterhaching*

Überfliege den Text. Gewinnen die Wilden Fußballkerle das Fußballspiel? (→ **Lesefaden**: Schritt 1)

Suche die Textstelle, in der eine Fußballspielerin ein Tor schießt. (→ **Lesefaden**: Schritt 2)

- Lesestrategien vor dem Lesen nutzen: Vermutungen anstellen
- Lesestrategien beim Lesen nutzen: genau lesen

Sprichwörter

MORGENSTUNDHATGOLDIMMUND.
SPIN NENAM MORG ENBRINGT KUMME RUNDS ORGEN.

Uralte Rätsel

Wer von euch ist klug und fleißig?
Viele schöne Rätsel weiß ich!
Spitzt das Ohr und spitzt die Feder,
und nun schreib sich auf ein jeder:

FINGERHUT

SONNENUHR

Welche Uhr hat keine Räder?
Welcher Hahn hat keine Feder?

KAFFEEMÜHLE

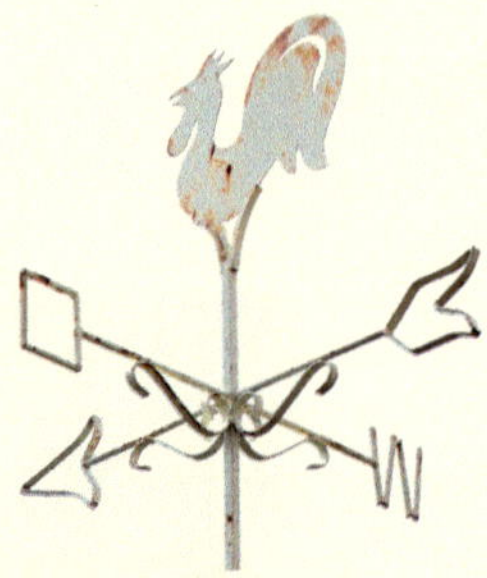

WETTERHAHN

Welcher Hut hat keinen Rand?
Welcher König hat kein Land?

Welches Häuschen hat kein Dach?
Welche Mühle keinen Bach?

SCHNECKENHAUS

ZAUNKÖNIG

Alle sind sie dir bekannt,
sag, wie werden sie genannt?

Volksgut

A	B	C	D	E	F	G	H	I	J	K	L	M	N	O	P	Q	R	S	T	U	V	W	X	Y	Z
A	B	C	D	E	F	G	H	I	J	K	L	M	N	O	P	Q	R	S	T	U	V	W	X	Y	Z
a	b	c	d	e	f	g	h	i	j	k	l	m	n	o	p	q	r	s	t	u	v	w	x	y	z
a	b	c	d	e	f	g	h	i	j	k	l	m	n	o	p	q	r	s	t	u	v	w	x	y	z

1. Übung zur Segmentierung
2. Übung zum Aufbau der Sinnerwartung

Lösungen S. 197

Begriffe von früher – was ist richtig?

Beim **Bauchpinseln** mischst du viele Komplimente.
Beim **Bauchpinseln** machst du viele Komplimente.
Beim **Bauchpinseln** machst du vier Komplimente.

Wer **Mumpitz** erzählt, verbreitet falsche Gerüchte.
Wer **Mumpitz** erzählt, verbreitet falsche Gerichte.
Wer **Mumpitz** erzählt, verbreitet falsche Gerüche.

Wer **abkupfert**, schreibt von anderen einfach auf.
Wer **abkupfert**, schreit von anderen einfach ab.
Wer **abkupfert**, schreibt von anderen einfach ab.

Was gehört zusammen?

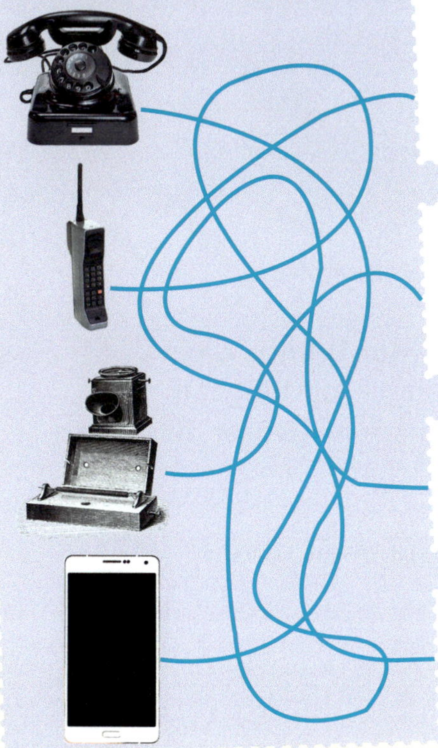

Seit 2007 gibt es Smartphones ohne Tasten. Sie sind wie kleine Computer, mit denen man nicht nur telefonieren kann.

In den 1950er- und 1960er-Jahren sahen die Telefone in der Regel so aus: ein Hörer mit einer Schnur und eine Wählscheibe.

Philipp Reis hat schon 1861 einen Apparat gebaut, den er Telefon nannte.

Die ersten schnurlosen Mobiltelefone hatten noch eine Antenne.

1. Übung zum Überprüfen der Sinnerwartung
2. Übung zum Aufbau der Sinnerwartung

Lösungen S. 197

Geburtstage früher und heute

Kindergeburtstag mit Alfons Zitterbacke

Alfons Zitterbacke erzählt von der Geburtstagsfeier bei seinem Freund Bruno.

Wir waren ganz allein in der Wohnung, weil Brunos Eltern arbeiten. Seine Mutter hatte einen schönen Kaffeetisch gedeckt mit Sandtorte und einer großen Kaffeekanne. Es war ein prima Geburtstag. Nachdem wir satt waren, spielten wir Seeräuber. Es war auch ganz schön. Das Sofa war das Seeräuberschiff, und der Teppich war das andere Schiff. Bruno wurde wegen Geburtstag zum Kapitän ernannt. Leider brach beim Kampf ein Sofabein ab, und wir hörten lieber auf. Bruno wusste einen Ausweg. Er nahm einen Packen Bücher aus dem Bücherschrank seines Papas, und dann stand das Sofa wieder fest. Jetzt wussten wir nichts mehr zu spielen. „Ich weiß was", rief ich, „ratet mal, was wir spielen." „Feuerwehr?", fragte Bruno. Ich lachte bloß. „Arzt und Kranker?" „Verstecken?" Nein, keiner kam darauf. „Wir spielen Restaurant und feiern Brunos Geburtstag. Nachher sind wir betrunken." Damit waren alle gleich einverstanden. Ich war Brunos Opa. „Mein Enkelsohn Bruno hat Geburtstag", sagte ich langsam und mit tiefer Stimme. „Bitte bringen Sie uns fünf Gläser zu trinken." Erwin kam mit einem Tablett und Gläsern, darin war etwas rote Flüssigkeit. Wir stießen an und sagten: „Auf deine Gesundheit, Bruno", und tranken die Gläser aus. Es war Brause. Wir mussten furchtbar lachen.

Gerhard Holtz-Baumert

Omas Geburtstagsspiele

- Sackhüpfen
- Schokoladenwettessen
- Topfschlagen
- Verstecken
- Kartoffellauf
- Würstchenschnappen
- Mumienwickeln

Geburtstagslied

Weil heute dein Geburtstag ist,
da haben wir gedacht,
wir singen dir ein schönes Lied,
weil es dir Freude macht.

Und wenn du einen Kuchen hast,
so groß wie'n Mühlenstein*,
und Schokolade auch dazu,
dann lad uns alle ein.

Robert Kurt Hängekorb

* *großer Stein von der Form eines Rades zum Zermahlen von Getreide*

Ich bin Mary. An meinem Geburtstag habe ich mich abends mit meinen Freundinnen getroffen. Es gab Hot Dogs und wir haben erst einmal ein bisschen gespielt. Dann haben wir noch einen Film geschaut. Mitten in der Nacht hat uns mein Vater geweckt und es gab eine Nachtwanderung mit Gruselgeschichte. Das war richtig cool.

Wähle einen Text. Lies den Text.

Tausche dich mit anderen in einer Lesekonferenz aus:
- Warum hast du den Text ausgewählt? Begründe.
- Welche Wörter kennst du nicht oder findest du ungewöhnlich? Frage nach. Lies den Text noch einmal langsam und genau. (→ **Lesefaden**: Schritt 2)
- Was hast du im Text über Geburtstagsfeiern früher oder heute erfahren? Erzähle. (→ **Lesefaden**: Schritt 3)
- Was haben die Texte gemeinsam? Was ist unterschiedlich? Vergleicht.

- Text- und andere Medienangebote begründet auswählen
- Lesestrategien beim Lesen nutzen: Textstellen klären
- Lesestrategien nach dem Lesen nutzen: Textinhalt wiedergeben
- Unterschiede und Gemeinsamkeiten von Texten beschreiben

Ohne Netz

die Entdeckung
unmissverständlich
das Display*
das WLAN**
der Empfang

* sprich: Displey = Bildschirm
** sprich: Wehlan, englische Abkürzung für drahtloses lokales Netzwerk

Martha ist zum ersten Mal zu Besuch bei ihrer Oma. Da macht Martha eine unglaubliche Entdeckung.

Und jetzt erst sieht sie es!
Oben auf dem Display, wo sonst immer
fünf Balken die Stärke der Verbindung zeigen,
steht es deutlich und unmissverständlich:
Kein Netz.

„Hier gibt es ja gar kein Netz!“, ruft Martha.
Die Oma lacht wieder. „Hab ich dir doch gesagt!“, sagt sie.
Sie versteht wirklich gar nichts.

Martha läuft nach draußen.
Kein WLAN! Und auch kein Netz!
Irgendwo muss es ein Netz geben.

Vielleicht vorne am Steg?
Man kann doch nicht ohne Netz leben, nicht mal hier!
Martha läuft bis zur vordersten Spitze.

Sie streckt den Arm mit dem Handy
der kleinen Stadt entgegen, so weit es geht.
Kein Netz. Kein Netz, nirgendwo.

Kirsten Boie ◈

Übe mit einem Partnerkind, den Text flüssig vorzulesen.

Man kann doch nicht ohne Netz leben.
Was meint Martha wohl damit?

- flüssig lesen: automatisiert, genau, zügig, sinngestaltend – **Basis**
- eigene Gedanken zu Texten entwickeln, zu Texten Stellung nehmen und sich mit anderen austauschen

Als die Großen klein waren

Als die Großen klein waren,
gab es noch keine Mobiltelefone.
Telefoniert wurde zu Hause oder
zur Not in einer Telefonzelle.

Mit dem Telefon konnte man
früher telefonieren und sonst nichts!
Um zu telefonieren, nahm man
den Hörer von der Gabel,
steckte einen Finger in das entsprechende
Zahlenloch der Wählscheibe
und drehte bis zum Anschlag.

Nach jeder Ziffer ratterte die Scheibe
wieder in die Ausgangsposition zurück.
Dann konnte man die nächste Zahl wählen.
So dauerte es eine Zeit,
bis die komplette Nummer eingegeben war.

Da diese alten Telefonapparate durch ein Kabel
mit der Wand verbunden sein mussten,
standen sie meist an einem zentralen Ort,
z. B. auf einer Kommode im Flur.

Einmal im Jahr bekam man ein dickes Telefonbuch,
in dem alle Telefonnummern der Umgebung drinstanden.
Allerdings kannte man viele Telefonnummern auswendig,
weil man sie ja ständig von Hand wählte.

Till Penzek

die Mobiltelefone
die Wählscheibe
komplett
die Telefonnummer
das Festnetztelefon
das Handy*

* sprich: Händie

Übe mit einem Partnerkind, den Text flüssig vorzulesen.

Wie haben deine Eltern oder Großeltern früher telefoniert?
Frage nach und vergleiche mit dem Text.
Du kannst die Antworten auch aufnehmen.

- flüssig lesen: automatisiert, genau, zügig, sinngestaltend – **Erweiterung**
- eigene Gedanken zu Texten entwickeln, zu Texten Stellung nehmen und sich mit anderen austauschen

Ausstellung – Schule früher

Opa bei der Einschulung

Altes Poesiealbum

Meine Oma ist früher in Schwerin zur Schule gegangen. Damals war es anders als heute. Es gab kein Freundebuch, sondern ein Poesiealbum, in das man kleine Sprüche geschrieben und Bildchen geklebt hat.
Viele Kinder hatten den gleichen Schulranzen, als sie in die Schule gekommen sind.
Die Zuckertüten waren oft mit Zeitung ausgestopft und nur oben drauf waren Süßigkeiten.

Amanda

Der Schulranzen meiner Oma (den hat sie heute noch)

Ihr könnt auch eine digitale Ausstellung planen.

- Gestaltet in der Klasse eine Ausstellung **Schule früher**.
- Sammle Gegenstände oder Fotos für die Ausstellung und beschrifte sie. Befrage deine Eltern, Großeltern oder Urgroßeltern über ihre Schulzeit und schreibe dazu einen Text.

Im Frühling

Leise zieht durch mein Gemüt
liebliches Geläute.
Klinge, kleines Frühlingslied,
kling hinaus ins Weite.

Kling hinaus, bis an das Haus,
wo die Blumen sprießen.
Wenn du eine Rose schaust,
sag, ich lass' sie grüßen.

Heinrich Heine

Schwerpunkt-Kompetenz:
- Text- und andere Medienangebote begründet auswählen

So kannst du einen gedruckten oder digitalen Text auswählen

Tipp 1: Texte auswählen nach einer bestimmten Vorliebe

Du kannst Texte nach deinen Lesevorlieben auswählen:

- zu einem Thema
- nach der Textart (▸ Geschichte, ▸ Comic, ▸ Sachtext, Webseite ...)
- nach der Art der Geschichte (lustig, nachdenklich ...)
- von der Lieblingsautorin / vom Lieblingsautor
- nach der Länge des Textes
- nach der Schriftgröße
- nach dem Anteil von Illustrationen
- für ein bestimmtes Medium (Buch, Tablet, E-Book)
- ...

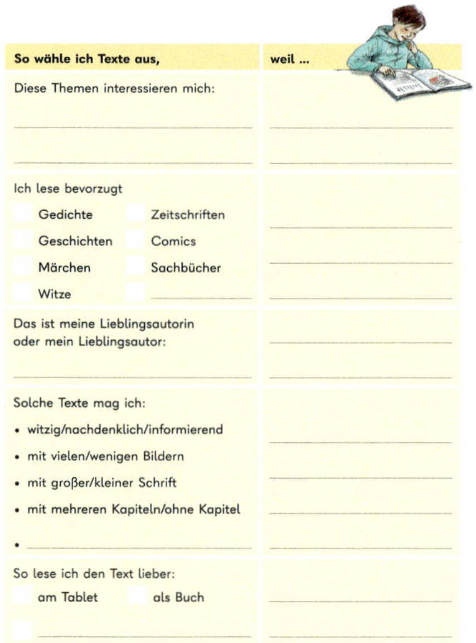

So wähle ich Texte aus,	weil ...
Diese Themen interessieren mich:	
Ich lese bevorzugt: Gedichte, Zeitschriften, Geschichten, Comics, Märchen, Sachbücher, Witze, ____	
Das ist meine Lieblingsautorin oder mein Lieblingsautor:	
Solche Texte mag ich: • witzig/nachdenklich/informierend • mit vielen/wenigen Bildern • mit großer/kleiner Schrift • mit mehreren Kapiteln/ohne Kapitel •	
So lese ich den Text lieber: am Tablet, als Buch, ____	

Tipp 2: Texte auswählen zu einem bestimmten Zweck

Du kannst Texte zu einem bestimmten Zweck auswählen:

- um Informationen zu vergleichen und einschätzen zu können
- um dich zu informieren
- zum Vorlesen oder Vortragen
- zum Üben, z. B. zum Partnerlesen
- zum Selberlesen
- zum Verschenken

Wenn es Frühling wird ...

Leise, ganz leise,
heimlich über Nacht
ist aus ihrem Winterschlaf
unsere Welt erwacht.

Hans-Joachim Hepke

Der Frühling ist eine
der vier Jahreszeiten.
Er beginnt astronomisch mit
der Tag-und-Nacht-Gleiche
am 20. März.

Einzug des Frühlings

Der Wind schlägt die Trommel,
radommel, radommel,
die Sonne den Gong,
bambong und bambong.

Narzisse trompetet,
der Starenmann flötet,
der Frühling zieht ein,
der Frühling zieht ein!

Albert Gabriel

Welcher Text gefällt dir besonders?
Begründe. Nutze dazu Tipp 1.

Bullerbü im Frühling

Wir haben eine ganze Menge Schafe hier in Bullerbü, und die bekommen jedes Jahr Lämmer. Lämmer sind das Niedlichste, was es gibt. Sie sind niedlicher als Kätzchen und junge Hunde und Ferkel. Ich finde, sie sind beinahe noch niedlicher als Kerstin – aber das wage ich nicht zu sagen, wenn Ole in der Nähe ist. Während der Zeit, in der die Schafe ihre Lämmer bekommen, laufen wir jeden Morgen zum Schafstall, um zu sehen, wie viele Lämmchen in der Nacht hinzugekommen sind. Wenn man die Tür zum Schafstall öffnet, blöken alle Schafe, so sehr sie können. Die Lämmer blöken zart und fein und nicht so dumpf wie die Mutterschafe und die Schafböcke. Fast jedes Mutterschaf bekommt zwei Lämmer.

An einem Sonntagmorgen, als ich in den Schafstall hinunterkam, sah ich ein Lamm tot im Stroh liegen. Ich lief sofort zu Papa und erzählte es ihm. Und er kam gleich mit und sah nach, warum das Lamm tot war. Es war gestorben, weil das Mutterschaf keine Milch im Euter gehabt hatte. Das arme, arme Lamm! Es hatte sterben müssen, weil es nichts zu essen bekommen hatte. Ich setzte mich auf die Schwelle zum Schafstall und weinte. Bald kam auch Inga und erfuhr alles, und da weinte sie auch. „Ich will nicht, dass Lämmer sterben müssen!“, sagte ich zu Papa. „Das will doch niemand“, sagte Papa. „Aber hier ist noch eins, das wohl sterben muss.“ Er zeigte auf ein kleines Lamm, das er im Arm hielt und das ganz elend aussah. Es war der Bruder des toten Lamms. Es konnte natürlich auch keine Milch von seiner Mutter bekommen. Und Milch ist das Einzige, was neugeborene Lämmchen essen können. Deshalb sagte Papa, dass wir das Brüderchen des toten Lamms schlachten müssten, damit es nicht verhungern musste. Als wir das hörten, weinten Inga und ich noch mehr. Wir weinten ganz schrecklich. „Ich will nicht, dass Lämmer sterben müssen!“, schrie ich und warf mich auf die Erde.

Da hob Papa mich auf und sagte: „Nicht weinen, Lisa!“ Und dann sagte er: „Du könntest ja versuchen, das kleine Lamm mit der Flasche aufzuziehen. Genau wie ein Wickelkind.“ Oh, wie wurde ich froh – ich glaube nicht, dass ich jemals so froh gewesen bin. Ich hatte gar nicht gewusst, dass man Lämmer füttern kann wie Wickelkinder. Papa sagte, ich solle nicht allzu sicher sein, dass es mir gelingen würde.

Er glaubte, das Lamm würde trotzdem sterben, aber wir könnten es ja einmal versuchen.

Inga und ich liefen zu Tante Lisa. Sie gab uns eine Flasche mit einem Sauger. Daraus hatte Kerstin ihre Milch bekommen, als sie noch ganz klein gewesen war. Dann liefen wir wieder zu Papa. „Papa, könnten wir dem armen Lämmchen nicht etwas Sahne zu trinken geben?“, fragte ich.

Aber da sagte Papa, wenn ich dem Lamm Sahne gäbe, würde es krank werden. Sein Magen könnte nur Milch vertragen, die mit Wasser verdünnt sei. Papa half mir, die Milch zu verdünnen, und wir wärmten die Flasche in heißem Wasser. Dann steckte ich dem Lamm den Sauger ins Mäulchen. Und, stellt euch vor, es begann sofort zu saugen. Man konnte sehen, wie hungrig es war.

„Jaja, nun bist du die Pflegemutter von diesem Lammkind“, sagte Papa. „Aber es muss von früh bis spät zu essen bekommen. Du darfst also nicht die Lust verlieren.“ Inga sagte, wenn ich die Lust verlieren sollte, brauchte ich ihr nur Bescheid zu sagen, sie würde das Lamm sehr gern für mich füttern.

Aber ich sagte: „Haha, du glaubst doch wohl nicht, dass man die Lust verliert, Lämmchen zu füttern?“ Ich taufte das Lamm Pontus und Papa sagte, es sei nun mein eigenes Lamm. Es war ein Glück, dass alles geklärt war, bevor Lasse und Bosse an diesem Sonntagmorgen aufwachten, sonst hätte es bestimmt Krach gegeben wegen Pontus, glaube ich. „Dass man sich an einem Sonntag nicht einmal richtig ausschlafen kann, ohne dass Lisa gleich ein Lamm bekommt“, sagte Lasse und war ein bisschen böse, weil nicht er es gewesen war, der Pontus bekommen hatte.

Astrid Lindgren ◇

Wähle einen ▸ Abschnitt zum Üben aus. Begründe.

Worauf möchtest du beim Üben besonders achten (passende Betonung, wörtliche Rede, sinnvolle Pausen)?

Über die Kinder aus Bullerbü gibt es auch Filme. Finde heraus, wann die Filme erschienen sind. Nutze dazu das Internet.

- Text- und andere Medienangebote begründet auswählen
- selbst gewählte Texte zum Vorlesen vorbereiten und sinngestaltend vorlesen
- Informationen in Text- und anderen Medienangeboten finden und einschätzen

April, April – einmal wahr und einmal gelogen!

1 Auch in Frankreich lieben die Kinder den 1. April. Heimlich befestigen sie auf dem Rücken von Freunden und Verwandten einen kleinen Papierfisch. Das ist der „Aprilfisch“. Wenn der Streich dann entdeckt wird, rufen die Kinder voller Vergnügen: „Poisson d’avril“ – „Aprilfisch“.

2 In Irland gibt es einen Vergnügungspark für Hunde und ihre Frauchen und Herrchen. Neben einem breiten Imbissangebot, das auch Hunden schmeckt, findet man hier zum Beispiel auch ein Erlebnislabyrinth und eine spezielle Achterbahn für die vierbeinigen Lieblinge.

Nummer zwei ist nicht wahr!

Finde die vier Frühlingsblumen

LÖ CHEN ZAHN
GLÖCK NAR
WEN MAI SE
ZIS PE TUL

Vogelarten

PECHT
IROL
MSEL
AUBE
ILPZALP

1. Übung zum Überprüfen der Sinnerwartung
2. Übung zur Segmentierung
3. Übung zum Aufbau der Sinnerwartung

Lösungen S. 197

Was gibt es zu Ostern nicht?

Osterlamm Osterkerze Ostergans Osterei
Osterküken Osterfeuer Osterhase
Osterstiefel Osterbrunnen Osterfest

Hasen-Hip-Hop

Nachbar Hase kommt, und ob
hip hop hip hop
Hat sein ◎◎◎ schon am Kopp
hip hop hip hop
Was ist los? Ach ja, na klar!
Komme gleich, ich bin schon da.
Hip hop hip hop
Nachbar Hase kommt,
und ob!

Fredrik Vahle

Frohe Ostern!

Happy Easter!
Wesołych Świąt!
Hauskaa pääsiäista!
Buona Pasqua!
Joyeuses Pâques!
¡Felices Pascuas!

Spanisch
Französisch
Polnisch
Finnisch
Englisch
Italienisch

Frühlingskonzert

Der Specht

Am Telegrafenmast trommelt
quer durchs Trommelalphabet
der Specht.

Spannt eure Ohren,
Würmer und Larven!

Was er auch trommelt
auf Holz oder Blech,
der Specht hat recht.

Manfred Peter Hein

Der Buntspecht

Jetzt singt im Wald, wer singen kann,
vor Frühlingsglück nach langer Not.
Und einer trommelt, dass es schallt:
Der Buntspecht schwarz-weiß-feuerrot.

Josef Guggenmos

Trommler im Wald

Vielleicht hast du mit Beginn des Frühlings schon das Klopfen eines Spechts gehört. Während die Amsel ihren Gesang einsetzt, benutzt der Specht das Trommeln wie ein Signal.
Das Trommeln kann viel bedeuten:

- Hier bin ich zu Hause.
- Ich suche eine Partnerin.
- Ich baue eine Höhle.

Meist arbeiten die Spechte nur wenige Stunden am Tag. Dabei wechseln sich Männchen und Weibchen ab.
Bis zu 10 000 Schnabelhiebe können manche Spechte pro Tag ausführen.

Dabei verspüren sie aber keine Schmerzen. Eine federnde Verbindung zwischen Schnabel und den Knochen dämpft die Schläge mit dem Schnabel.
Mit dem Schnabel gelangen die Spechte auch an ihre Nahrung.
Sie mögen Insekten, Samen aus Fichtenzapfen, Beeren und Nüsse.
Für das Knacken der Nüsse haben Spechte eine besondere Technik:
Sie hämmern eine Kerbe in das Holz und klemmen die Nuss wie auf einer Werkbank in die „Spechtschmiede“ ein.
So können sie auf die Nuss einhämmern, bis die Schale entzwei ist.

Das Ständchen

Vor betagten Meisengreisen
aus gefragten Meisenkreisen
pfeifen dreißig Meisenwaisen
fleißig dreißig Meisenweisen.

Manfred Schlüter

Der Fink

Hinkelepink, der Distelfink,
zwitschert oben in meinem Baum.
Hüpft er einmal hinab ganz flink,
dann trillert er zart, man hört es kaum.

Kristien Dieltiens / Marianne Holberg

Konzert der Singvögel

Im Frühling in der Zeit des Nestbaus und
der Paarung singen die meisten Vogelarten.
Die Vögel singen zu unterschiedlichen Zeiten.
Noch vor Sonnenaufgang beginnen
der Hausrotschwanz, die Feldlerche, die Singdrossel
und die Amsel zu singen. Die meisten Vögel,
wie z. B. die Kohlmeise oder der Fink,
singen bei Sonnenaufgang.
Abends kannst du auch manche Vögel hören,
z. B. die Amsel, das Rotkehlchen
und die Singdrossel.
Wenn du nachts einen Vogel zwitschern hörst,
ist es vielleicht eine Nachtigall.
Mit dem Gesang markieren die Vögel ihr Revier,
damit sie im Sommer genügend Futter
für ihren Nachwuchs finden.

- Wähle einen Text. Lies den Text.
- Tausche dich mit anderen in einer Lesekonferenz aus:
  - Warum hast du den Text ausgewählt? Begründe.
  - Was hast du im Text über Vögel erfahren? Erzähle. (→ **Lesefaden**: Schritt 3)
  - Vergleicht die Texte. Welche Gemeinsamkeiten und Unterschiede findet ihr?
- Nehmt Frühlingsgeräusche auf und macht einen Ratespaziergang.
  Ihr könnt euch auch eine Klanggeschichte zum Frühling ausdenken.

das Wolkenbuch
die Mümmelschäfchenwolke
die Dickebauchwolke
die Zirre-Birre-Federwolke
die Entenschnabelwolke
die Kussschweinchenwolke

Das Wolkenbuch

Der April will Wolken bestellen,
er blättert im Wolkenbuch:
Das ist die Mümmelschäfchenwolke,
das ist die Dickebauchwolke,
das ist die Zirre-Birre-Federwolke,
das ist die Entenschnabelwolke,
das ist die Kussschweinchenwolke.
Was willst du bestellen?
Am liebsten alle!
Und der April blättert weiter,
er blättert und blättert
im Wolkenbuch.

Christa Wißkirchen

Übe mit einem Partnerkind, den Text flüssig vorzulesen.

Erfindet weitere Wolkennamen für das Wolkenbuch.
Zeichnet eure Wolken.

- flüssig lesen: automatisiert, genau, zügig, sinngestaltend – **Basis**
- handlungs- und produktionsorientiert mit Texten umgehen

Frühlinter

der Frühlinter
quitsch, quatsch
plitsch, platsch
es bezweckt
es bedreckt
dahintersteckt

Wer im April
spazieren will,
was tut er? Was beginnt er?
Er jubelt: Frühl... Dann schweigt er still
und murmelt matt:
Frühlinter!

Sein Schuh im Matsch
macht quitsch und quatsch,
halb Frühling ist's, halb Winter.
Ein bisschen plitsch, ein bisschen platsch,
von jedem was:
Frühlinter.

Wohin das zielt?
Was das bezweckt?
Es kommt kein Mensch dahinter.
Wenn sich ein Kind mit Lust bedreckt,
dann frag nicht, was dahintersteckt.
Es ist April:
Frühlinter!

James Krüss

- Übe mit einem Partnerkind, den Text flüssig vorzulesen.
- Denkt euch für jede ▸ Strophe des Gedichts Geräusche aus. Nehmt euren Vortrag mit Geräuschen auf.

- flüssig lesen: automatisiert, genau, zügig, sinngestaltend – **Erweiterung**
- handlungs- und produktionsorientiert mit Texten umgehen

AH S. 31

Mit Seed Eggs den Frühling verschenken

So kannst du Ostereier zum Blühen bringen.

Für die Seed Eggs* brauchst du:
- 2 EL verschiedene Samen, z. B. Lavendel, Tagetes, Ringelblumen
- 2 Tassen Erde oder Kompost
- 1 Tasse Tonpulver
- ein wenig Wasser

* *sprich: Sied Äggs = Samen-Eier*

So geht es:
- Samen mit der Erde mischen
- Tonpulver einrühren und Wasser zugeben, bis eine feste Masse entsteht
- eiförmige Kugeln formen, 1–2 Tage trocknen
- hübsch eingepackt verschenken oder
- im Garten oder im Park verteilen

Du kannst mit **Seed Eggs** jemandem eine kleine Osterfreude bereiten oder den Frühling verschenken.

Der Natur auf der Spur

Merkvers

Das Schönste, was uns die Raumfahrt zeigte,
war die Erde als blauer Stern.
Er ist bewohnbar. Aber verletzlich.

Christine Busta ◈

Schwerpunkt-Kompetenzen:
- pragmatische Texte und ihre Merkmale kennen und unterscheiden
- Informationen in Text- und anderen Medienangeboten finden und einschätzen

Das solltest du über Sach- und Gebrauchstexte wissen

Sach- und Gebrauchstexte informieren, erklären oder geben Anweisungen.

Tipp 1: verschiedene Sach- und Gebrauchstexte benennen

Sachtexte:

- Informationstext, z. B. ein Eintrag im ▸ Lexikon
- ▸ Steckbrief
- ▸ Tabelle
- ▸ Schaubild

Gebrauchstexte:

- ▸ Rezept
- Bastelanleitung
- Klassenregeln
- Fahrplan
- Gebrauchsanleitung

Tipp 2: Merkmale von Sach- und Gebrauchstexten kennen

Jeder Sach- und Gebrauchstext hat bestimmte Merkmale.

Lexikoneintrag:
kurzer Informationstext zu einem Thema

Buche: Die Buche *(fagus sylvatica)* ist ein Laubbaum, der in Mitteleuropa wächst. Sie wird

Steckbrief:
kurzer, listenartiger Text, der die wichtigsten Dinge zu einer Person oder einem Thema enthält

Die Buche

Arten: Rotbuche, Ostbuche
Standort: in Laubwäldern, Gär

Bastelanleitung:
eine der Reihenfolge nach geordnete Anweisung;
sie dient dazu, etwas anzufertigen

Das brauchst du:
- 5 einseitig bedruckte Blätter
- ein Blatt festeres Papier

Schaubild:
bildliche Darstellung von Informationen

Die Buche

Arten: Rotbuche, Ostbuche
Standort: in Laubwäldern, Gärten und Parkanlagen
Größe: bis zu 40 Meter hoch
Alter: kann bis zu 350 Jahre alt werden
Blatt: im Frühjahr: hellgrün mit kleinen, feinen Haaren; später: dunkelgrün glänzend, mit gewellter Kante
Stamm: glatte Rinde
Blüte: nach 40 bis 80 Jahren; zarte, hängende Blüten
Frucht: essbare Bucheckern, die in einer stacheligen Hülle reifen
Nutzen: Holz für Möbel, Fußböden oder Holzspielzeug; Bucheckern als Nahrung für Tiere

Buche: Die Buche *(fagus sylvatica)* ist ein Laubbaum, der in Mitteleuropa wächst. Sie wird 30 bis 40 m hoch. Anders als die meisten Bäume wächst die Buche im hohen Alter immer noch weiter. Buchenholz ist hart und rötlich. Man sagt daher auch **Rotbuche**.

Buchen haben glatte silbergraue Stämme und eiförmige Blätter mit glatten Rändern. Die ölhaltigen Früchte heißen **Bucheckern**. Sie dienen vielen Tieren als Nahrung.

Ein Text ist ein ▸ Steckbrief, der andere ein Eintrag im ▸ Lexikon.
Schreibe die Namen der Textarten auf Papierstreifen und ordne sie zu.

Welcher Baum wächst nahe bei deinem Haus? Informiere dich über diesen Baum.
Nutze dazu eine Kinder-Suchmaschine.

Bäume von schmal bis breit

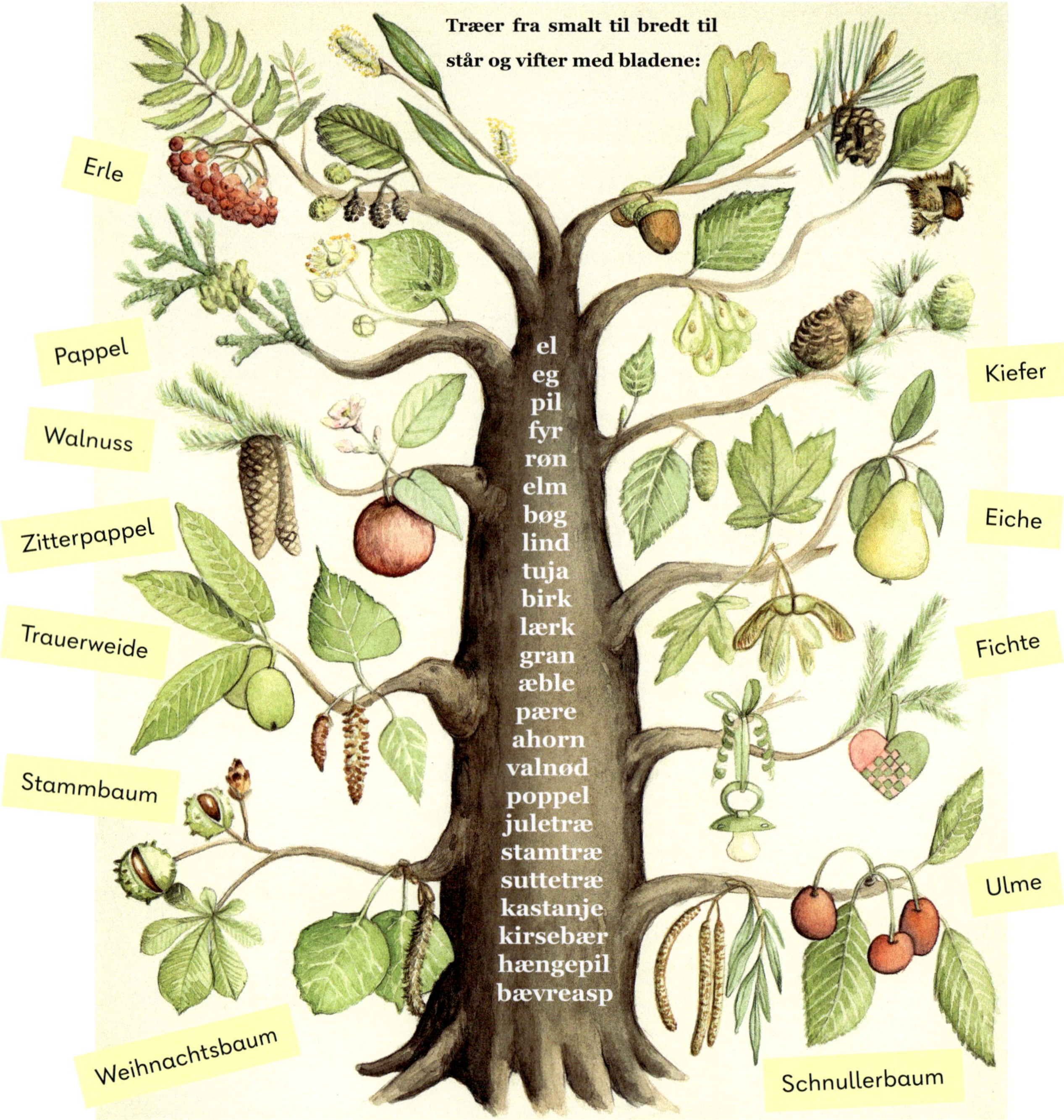

Birgitte Krogsbøll

In welchen dänischen Baum-Wörtern kannst du deutsche Baum-Namen entdecken?

Lesestrategien beim Lesen nutzen: genau lesen, Textstellen klären

Bruder Baum

Der Baum

Zu fällen einen schönen Baum,
braucht's eine Viertelstunde kaum.
Zu wachsen, bis man ihn bewundert,
braucht er, bedenkt es, ein Jahrhundert.

Eugen Roth

BlattBlatt
BlattBlattBlatt
BlattBlattBlattVogelBlatt
BlattBlattBlattBlattBlatt
BlattBlattBlatt
BlattBlatt
Blatt
Holz
Holz
Holz
Holz
Säge
Holz

Bruder Ahorn

Ich lege mein Ohr
an den Ahorn, fast hör ich
es schlagen, sein Herz.

Josef Guggenmos

Der Tag des Baumes

Jedes Jahr wird am 25. April der Tag des Baumes gefeiert. An diesem Tag werden überall auf der Welt neue Bäume gepflanzt. Deine Klasse kann sich auch an einer solchen Aktion beteiligen: Informationen findest du unter dem Stichwort **Tag des Baumes** in einer Kinder-Suchmaschine.

- Finde den ▸ Sachtext. Woran erkennst du ihn?
- Warum trägt diese Seite die Überschrift **Bruder Baum**? Tauscht eure Gedanken aus. (→ **Lesefaden**: Schritt 3)

Finde die drei Kuckuckseier

Baum Baum Baum Baum Baum Baum Baum Baum Baum Baum Baum
Baum Buche Baum Baum Baum Baum Baum Baum Baum Baum Baum
Baum Baum Baum Baum Baum Baum Baum Baum Baum Baum Baum
Baum Baum Baum Baum Baum Baum Baum Baum Blatt Baum Baum
Baum Baum Baum Busch Baum Baum Baum Baum Baum Baum Baum
Baum Baum Baum Baum Baum Baum Baum Baum Baum Baum Baum

Was gehört zusammen?

1 Die Buche ist in Deutschland der

2 Unglaublich, in Buchenwäldern gibt es

3 Buchenwälder helfen, unser

a geschätzt zehntausend verschiedene Tierarten.

b Klima zu schützen.

c häufigste Laubbaum.

Sprich, bis die Zunge bricht

Zwischen zwei Zweigen sitzen zwanzig Zwergohreulen.
Zwanzig Zwergohreulen sitzen zwischen zwei Zweigen.

Wusstest du schon ...

Das das Wort **Buchstabe** hat wirklich etwas mit der Baumart Buche zu tun. Buchstaben waren nämlich ist ursprünglich Stäbchen aus Buchenholz, in die Runenzeichen eingeritzt wurden. Runen hochinteressant sind alte germanische Schriftzeichen.

1./4. Übung zum Überprüfen der Sinnerwartung
2. Übung zum Aufbau der Sinnerwartung
3. Übung zur Segmentierung

Lösungen S. 197

Das Müllrätsel

1. Recycling	O	ist das englische Wort für Flaschen und Gläser.
	M	meint die Wiederverwertung von Abfällen (Gläser/Papier/Plastik).
	R	bedeutet, den Müll mit dem Fahrrad abzuholen.
2. Die Biotonne	T	ist ein kleiner Bioladen.
	B	ist der Mülleimer im Biologieraum.
	Ü	ist ein Behälter, in dem verrottbare Küchenreste entsorgt werden.
3. Mülltrennung	L	meint das Sortieren von Müll.
	Ö	meint, dass die gelbe Tonne nicht neben der Biotonne stehen darf.
	B	meint, dass Müll nur einzeln in die Mülltonne geworfen werden darf.
4. Der gelbe Sack	O	ist eine Einkaufstasche.
	L	ist ein Sammelbehälter für Plastik- und Blechmüll, z. B. Joghurtbecher und Dosen.
	N	ist der Müllbeutel für alle gelben Verpackungen.

3 Dinge gehören nicht in die gelbe Tonne

Glä Tu Zei Do Brot Fo

tung lie rest sen ser ben

1. Übung zum Überprüfen der Sinnerwartung
2. Übung zur Segmentierung

Lösungen S. 197

Zu viel Plastikmüll

Plastik ist ein anderes Wort für Kunststoffe. Kunststoffe gibt es in der Natur nicht. Sie werden künstlich hergestellt. Plastik ist leicht und stabil. Deshalb wird weltweit immer mehr Plastik produziert. Die Hälfte aller Gegenstände aus Plastik benutzen wir nur ein einziges Mal, z. B. Verpackungen, Plastikbecher und Plastikflaschen. Dadurch entstehen riesige Mengen an Plastikmüll. Inzwischen wird jedoch immer mehr Plastik wiederverwertet.

Gegenstände aus Plastik sind unglaublich haltbar. Plastik zerbröselt zwar mit der Zeit in immer kleinere Teilchen, aber wir werden es nicht los. Ein großer Teil Plastik landet einfach auf Müllhalden oder gelangt über Flüsse sogar ins Meer und gefährdet dort die Tiere. Was können wir gegen den immer größeren Berg aus Plastikmüll tun? Es gibt viele Ideen, wie wir gebrauchtes Plastik sinnvoll wiederverwenden oder wie Naturmaterialien als Ersatz für Plastik genutzt werden können, z. B. für Verpackungen.

Das passiert mit benutzten Plastikflaschen

Mit welchen Textarten kannst du dich auf dieser Seite über Plastikmüll informieren?

Informationstext | Schaubild | Steckbrief

Sammelt Ideen, um weniger Plastikmüll zu produzieren. Nutzt dafür eine Kinder-Suchmaschine. Tauscht eure Ideen aus.

- pragmatische Texte und ihre Merkmale kennen und unterscheiden
- Informationen in Text- und anderen Medienangeboten finden und einschätzen

AH S. 34

Keine Müllprobleme mit den Olchis

Auf dem riesigen Müllberg der kleinen Stadt Schmuddelfing leben seltsame Wesen, die Olchis.

Weißt du, wer die Olchis sind? Olchis sind merkwürdige grüne Wesen mit Haaren so hart wie Draht und drei runden Hörnern auf dem Kopf. Mit diesen Hörhörnern hören sie die Ameisen husten und die Regenwürmer rülpsen.

Die Olchi-Familie hat sieben Mitglieder: Olchi-Mama und Olchi-Papa, Olchi-Oma und Olchi-Opa, die beiden großen Olchi-Kinder und das Olchi-Baby. Und alle haben einen gesunden Appetit. Sie essen niemals etwas Frisches, denn frische Sachen schmecken ihnen nicht, sie bekommen davon überall bunte Flecken. Viel lieber verdrücken sie alle Arten von Müll und Abfall. Ihre starken Zähne zerkleinern harte Ofenrohre, rostige Dosen, dicke Holzbretter, Glühbirnen, Nägel und Plastikflaschen.

Die Olchis haben es gern, wenn es müffelt und stinkt. Dann recken sie ihre dicken Knubbelnasen in die Luft und atmen tief ein. Obwohl manche Menschen das Aussehen und Verhalten der Olchis etwas merkwürdig finden, sind sie doch äußerst friedliche Wesen. Am liebsten müffeln sie den lieben langen Tag gemütlich vor sich hin.

Natürlich haben die Olchis auch Haustiere. Das sind die Ratten, Schnecken, Läuse, Wanzen und Kröten, die sich auf dem Müllberg herumtreiben. Ihr liebstes Haustier aber ist der Drache Feuerstuhl. Der hat einen Auspuff am Po, und wenn er losfliegt, knattert er wie ein kaputtes Moped.

Erhard Dietl ◇

Warum gibt es mit den Olchis keine Müllprobleme? Erkläre die Überschrift. (→ **Lesefaden**: Schritt 3)

Die Olchis gibt es nicht nur als Film, sondern auch als Buchreihe. Wo könnt ihr dazu Informationen finden? Sammelt Vorschläge.

Kostbares Wasser

Der blaue Planet

Das Auffälligste an unserem Planeten ist das viele Wasser.
Zwei Drittel der Erdoberfläche sind mit Wasser bedeckt.
Betrachtet man die Erde aus dem Weltall, sieht sie wie
ein blauer Planet aus. Wasser ermöglicht Leben.
Ohne Wasser gäbe es keine Pflanzen, Tiere oder Menschen.
Auf keinem anderen Planeten hat man bisher Seen,
Flüsse oder Meere entdeckt.
Fast das gesamte Wasser auf der Erde ist Salzwasser. Nur ein kleiner Rest
ist Süßwasser und somit trinkbar. Das bedeutet, dass Wasser,
obwohl es viel davon auf der Erde gibt, sehr kostbar ist.

Christina Steinlein ◈

Das Wassertröpflein

Tröpflein muss zur Erde fallen,
muss das zarte Blümchen netzen,
muss mit Quellen weiter wallen,
muss das Fischlein auch ergötzen,
muss im Bach die Mühle schlagen,
muss im Strom die Schiffe tragen.
Und wo wären denn die Meere,
wenn nicht erst das Tröpflein wäre.

Volksgut

5 Top-Tipps zum Wassersparen

Wir trinken Wasser, wir waschen uns mit Wasser, wir kochen und reinigen damit. Es erscheint uns ganz normal, über sauberes Wasser zu verfügen. Doch Wasser ist ein kostbares Gut – ohne Wasser kein Leben! Wir müssen achtsam damit umgehen.
So kannst du mit deiner Familie helfen, wertvolles Wasser zu sparen:

- Duscht, statt zu baden.
- Lasst das Wasser beim Zähneputzen nicht laufen.
- Nutzt die Spartaste der Toilette.
- Schaltet Geschirrspüler und Waschmaschine immer erst ein, wenn sie voll beladen sind.
- Sammelt Wasser für euren Garten in einer Regentonne.

Eine Aktion für sauberes Trinkwasser

Immer noch sterben Kinder an den Folgen von verschmutztem Trinkwasser. Als der neunjährige Winter Vincent in Australien das erfährt, will er unbedingt etwas dagegen tun.

Der junge leidenschaftliche Surfer entwickelt die Idee einer Spendenaktion, um Geld für Wasserfilter zu sammeln. Wasserfilter können auf einfache Weise Wasser reinigen.

Winters Spendenaktion trägt den Namen **Surf to School** und funktioniert so: Kinder dürfen an einem bestimmten Tag in Surf- oder Freizeitkleidung zur Schule kommen, müssen dafür aber ein wenig Geld für Wasserfilter spenden. Diese Idee finden sehr viele Kinder in Australien toll, denn hier muss man eigentlich Schuluniformen tragen. Doch auch in anderen Ländern machen Schulen bei der Aktion mit.

So hat Winter schon viele Spenden für die Anschaffung von Wasserfiltern gesammelt. Damit konnte Menschen auf den indonesischen Mentawai-Inseln geholfen werden. Dort haben viele noch keinen Zugang zu sauberem Trinkwasser.

Wasser kann ...
fallen, lecken
Parkett bedecken
Toiletten spülen
aus Hydranten trülen
Erde tränken
Erfrischung schenken
Ahhhhhhhhhh!

Carol-Ann Hoyte

Wähle einen Text. Lies den Text.

Tausche dich mit anderen in einer Lesekonferenz aus:
- Warum hast du den Text gewählt? Begründe.
- Was hast du im Text über Wasser erfahren? Erzähle. (→ **Lesefaden**: Schritt 3)
- Warum heißt die Überschrift der Doppelseite **Kostbares Wasser**? (→ **Lesefaden**: Schritt 3)

Bach, Fluss und Meer

schließlich
er verschmutzt
die Meerestiere
Australien

Unsere Erde ist zum großen Teil mit Wasser bedeckt.
Es gibt Bäche, Flüsse, riesige Meere –
und dort viel zu viel Müll. Wie kommt es dazu?

Oft wird Müll einfach so auf den Boden geworfen
oder in der Natur liegen gelassen.
Wind und Sturm wehen den Müll in Bäche und Flüsse
und so gelangt er schließlich bis ins Meer.
Müll verschmutzt unsere Bäche, Flüsse und Meere.

Besonders schlimm ist der Plastikmüll.
Die Tiere, die im Wasser leben,
nehmen das Plastik mit ihrer Nahrung auf.
Das macht viele Fische und andere Meerestiere krank.
Und auch wir Menschen sind gefährdet,
wenn wir diese Fische essen.

Aus Australien kommt die gute Idee, bei einem Besuch am Strand
immer drei Stück Müll zu sammeln. Eine gute Idee auch für dich!

Versuche, immer drei Stück Müll einzusammeln,
wenn du in der Natur bist.
So hilfst du, dass weniger Müll in unsere Gewässer
und bis ins Meer getrieben wird.

Ganz einfach: Nimm drei oder mehr,
dann freuen sich Bach, Fluss und Meer!

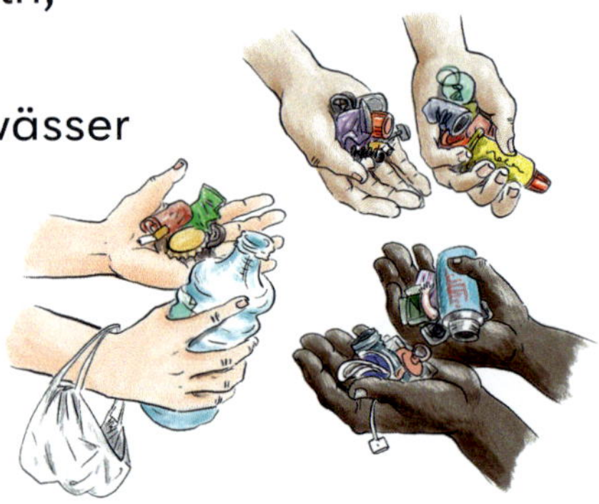

- Übe mit einem Partnerkind, den Text flüssig vorzulesen.
- Wie kann Müll ins Meer gelangen? Suche die Antwort im Text.

- flüssig lesen: automatisiert, genau, zügig, sinngestaltend – **Basis**
- Informationen ermitteln: explizit angegebene Informationen finden

AH S. 36

Von dieser Welt träumen wir

die Zukunft
selbstverständlich
die Metzgereien
die Tauschpartys

*Lena will auf einem Plakat zeichnen,
wie sich die Kinder ihrer Klasse die Zukunft
mit weniger Müll vorstellen.*

„Wir liefern dir ganz viele Ideen,
von welcher Welt wir träumen“, erklärte Marie.

„Du meinst, dass zum Beispiel in Zukunft
alle ganz selbstverständlich ihre Stoffbeutel zum Einkaufen mitnehmen?“,
machte Hannah den Anfang.

„Ja“, sagte Marie, „oder auf die Bananen
kommen keine Sticker mehr, sondern ein Stempel.“

„Alle bringen ihre Behälter in die Bäckereien
und Metzgereien mit“, meldete sich Nicole.

Lena hatte eine noch viel coolere Idee:
„Viele feiern in ihrer Freizeit Tauschpartys!“

„In der Schule gibt es nur noch zwei Stunden
Mathematik pro Woche“, schlug Felix vor,
„und dafür bekommen wir ein neues Fach:
Ohne Plastik leben!“ Alle klatschten in die Hände.

Jetzt riefen die Kinder ganz viele Ideen durcheinander.
„Jeder hat ständig einen Becher, Teller und Besteck dabei.
Falls er unterwegs Hunger oder Durst bekommt!“

„Eine neue Sportart ist total in:
Wer kann am schnellsten Müll trennen?“

Lena nahm ihren Block aus dem Rucksack
und begann, alle Ideen zu notieren.

Stephan Sigg ◇

- Übe mit einem Partnerkind, den Text flüssig vorzulesen.
- Probiert aus, wie die Kinder sprechen können (begeistert, träumerisch, energisch, mahnend ...).

- flüssig lesen: automatisiert, genau, zügig, singgestaltend – **Erweiterung**
- selbst gewählte Texte zum Vorlesen vorbereiten und sinngestaltend vorlesen

Ein Papierretter-Heft für Freunde

Papier ist sehr kostbar. Doch oft schon landet Papier in der Altpapier-Tonne, auch wenn nur eine Seite eines Blattes beschriftet oder bedruckt ist. Was für eine Verschwendung! Mit diesen Blättern kannst du ein ganz besonderes Heft basteln, das **Papierretter-Heft**.

Das brauchst du:

- 5 einseitig bedruckte Blätter (oder ein paar mehr)
- ein Blatt festeres Papier
- Tacker
- buntes Klebeband

So geht es:

Bastle ein Papierretter-Heft für eine Freundin, einen Freund oder für dich selbst.

Wusstest du schon?

Kleine Frage

Glaubst du
du bist noch
zu klein
um große
Fragen zu stellen?

Erich Fried

Schwerpunkt-Kompetenz:
- in Text- und anderen Medienangeboten recherchieren

So kannst du Angebote im Internet auswählen

Schritt 1: eine Kinder-Suchmaschine auswählen

Im Internet gibt es verschiedene Suchmaschinen für Kinder. Wähle eine Kinder-Suchmaschine aus.

Schritt 2: Suchbegriff(e) eingeben

Wenn du zum Beispiel ein Angebot über Vulkane finden möchtest, dann schreibst du das Wort **Vulkan** in das Eingabefeld.

Deine Lehrerin kann dir bei der Auswahl helfen.

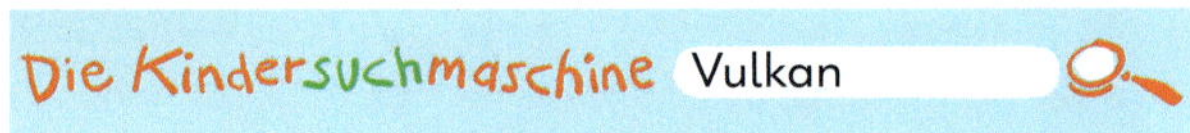

Schritt 3: Angebote prüfen und auswählen

Die Suchmaschine zeigt dir nun verschiedene Angebote (= Treffer) auf Internet-Seiten zu deinem Suchbegriff.

Prüfe, welches Angebot passend für dich ist. Nutze die Überschriften und die Altersangaben.

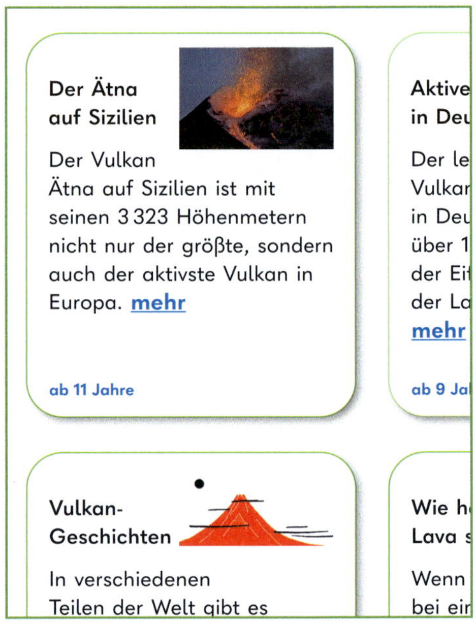

Verstehe ich den Text?

Enthält das Angebot das, was ich suche?

Gesucht und gefunden mit einer Suchmaschine

Der Ätna auf Sizilien

Der Vulkan Ätna auf Sizilien ist mit seinen 3 323 Höhenmetern nicht nur der größte, sondern auch der aktivste Vulkan in Europa. **mehr**

ab 11 Jahre

Aktive Vulkane in Deutschland?

Der letzte Vulkanausbruch in Deutschland war vor über 10 000 Jahren in der Eifel. Damals explodierte der Laacher-See-Vulkan. **mehr**

ab 9 Jahre

Vulkan-Geschichten

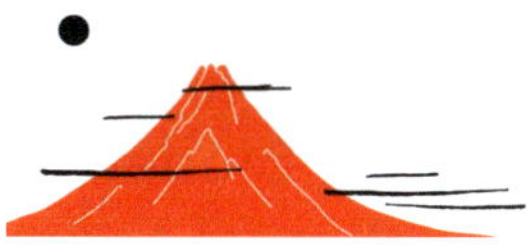

In verschiedenen Teilen der Welt gibt es Vulkane. In manchen Regionen haben sich die Menschen Geschichten über diese Naturwunder ausgedacht. **mehr**

ab 8 Jahre

Wie heiß kann Lava sein?

Wenn Magma bei einem Vulkanausbruch austritt, wird es Lava genannt. Bevor Lava erkaltet, ist ihre Temperatur enorm hoch. **mehr**

ab 11 Jahre

Du möchtest wissen, **ob und welche Vulkane in Deutschland auch heute noch aktiv sind**. Welches Angebot möchtest du nutzen? Begründe deine Auswahl.

Warum spuckt die Erde Feuer?

Die Erde war einmal ein glühender Feuerball. Im kalten Weltall kühlte sie allmählich ab. Innen ist unser Planet aber immer noch sehr heiß. Flüssiges Gestein – es heißt **Magma** – kocht im Inneren der Erde. Beim Abkühlen hat die Erde eine Kruste bekommen – wie ein Pudding eine Haut bekommt, wenn er erkaltet. Auf dieser Kruste befinden sich die Kontinente und Ozeane.

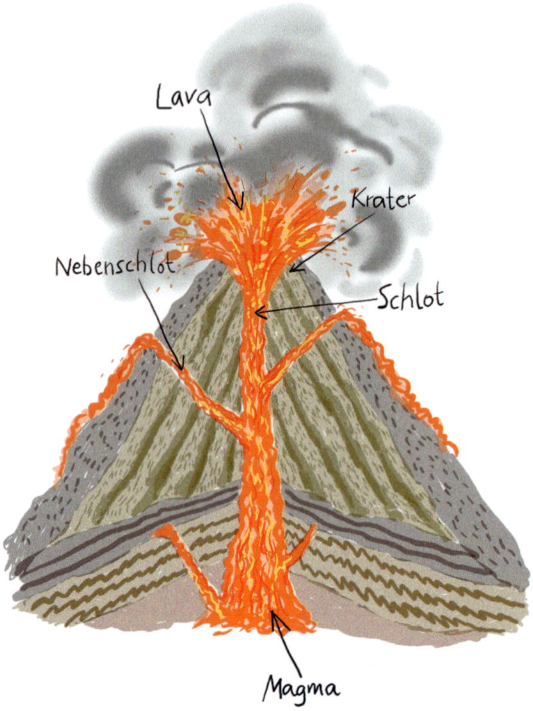

An einigen Stellen der Erde ist diese Kruste sehr dünn. Sie kann durch das gasreiche Magma, das einen ungeheuren Druck ausübt, aufgerissen werden. Dann entsteht ein Vulkan. Zurzeit gibt es auf der Erde etwa noch 500 tätige Vulkane.

Gefährlich sind Vulkane, in denen sehr zähflüssiges Magma aufsteigt. Das Magma kann den Schlot des Vulkans verstopfen. Darunter bildet sich ein starker Druck. Und irgendwann wird der Pfropfen herausgesprengt. Es gibt eine starke Explosion und große Mengen **Lava** – so heißt das ausgetretene Magma – können hervorspritzen. Die brodelnde Lava erstarrt allmählich und bildet bizarre Felsen oder Berge. Bei einem Vulkanausbruch können außer Lava auch Gase, Asche und Steine herausgeschleudert werden.

Lies zunächst den Text genau. Welche Erklärung passt?

Magma ist
- der Name eines alten Vulkans.
- das flüssige, kochende Gestein.
- der Name für die Wissenschaft von den Vulkanen.

Lava ist
- die Bezeichnung für den Vulkanausbruch.
- der Name für große Steine.
- aus dem Vulkan getretenes, allmählich erstarrendes Magma.

Informationen ermitteln: explizit angegebene Informationen finden

Ein Vulkan bricht aus

Welche Stelle im Video findest du besonders interessant? Begründe.

Das Leben in der Wüste

Mai Xi ist 10 Jahre alt. Sie soll einen Vortrag über Tiere in der Sandwüste halten. Mit einer Kinder-Suchmaschine hat sie nach dem Begriff **Wüste** gesucht und vier Vorschläge bekommen.

Gibt es Pflanzen in der Wüste?

Die Wüste ist unglaublich heiß. Viele Pflanzen haben sich aber an die extreme Trockenheit angepasst und können überleben.
mehr

ab 10 Jahre

Das Leben in der Wüste

Du denkst, in der Wüste kann kein Tier überleben? Falsch.
Es gibt viele Tiere mit erstaunlichen Fähigkeiten, die in der Wüste leben.
mehr

ab 8 Jahre

Wüstenarten

Wusstest du schon, dass es nicht nur Sandwüsten gibt? Viele sind aus Stein und Fels, Eis oder sogar Salz. **mehr**

ab 8 Jahre

Was ist eine Wüste?

Wissenswertes über diese Landschaft erfährst du im Lexikon für Kinder. **mehr**

ab 11 Jahre

- Welches Angebot kann Mai Xi nutzen? Begründe.
- Wie überlebt man in der Wüste? Suche mit einer Kinder-Suchmaschine.

- in Text- und anderen Medienangeboten recherchieren
- Informationen in Text- und anderen Medienangeboten finden und einschätzen

Der durstige Löwe

Ein Löwe irrt durch den Wüstensand. Er hat Durst, fürchterlichen Durst.
Eine Giraffe kommt des Weges:
„Kauft Krawatten, bunte Krawatten!“
„He, Giraffe“, schnauft der Löwe, „verkaufst du auch Wasser?“
„Heute nur Krawatten, bunte Krawatten!“
„Ich brauche Wasser, keine Krawatte.“
Der Löwe stapft weiter.

Nach langer Suche erspäht er ein Gasthaus. Hier wird es wohl etwas zu trinken geben.
Der Wirt, ein Vogel Strauß, streckt den Hals zum Fenster raus.
„Sie wünschen?“
„Eine Flasche Wasser bitte.“
„Tut mir leid, mein Herr. Heute bedienen wir nur Gäste mit Krawatte. Wir haben heute Krawatten-Tag.“
„So ein Pech“, knurrt der Löwe.

Kreuz und quer irrt er durch die Wüste. Da ist sie, die Krawattenverkäuferin!
„Hallo, Giraffe, ich möchte doch eine Krawatte!“
„Ich wusste es, Sie sind ein Gentleman*. Welche soll es denn sein? Eine mit Streifen? Mit Karos? Mit Punkten? Mit Blumen?“
„Ganz egal. Hauptsache Krawatte!“

Noch durstiger kommt der Löwe am frühen Morgen wieder beim Wirt an – mit Krawatte.
„Ein Glas Wasser bitte!“
„Sie kommen zu spät, guter Herr“, bedauert der Vogel Strauß, „Krawatte war gestern, heute ist Hut-Tag. Und ohne Hut gibt es nichts zu trinken.“
Zerknirscht schleicht der Löwe davon.
Wer kommt ihm da entgegen?

Ein Zebra, ein Nashorn, ein Elefant, ein Kamel und ein Nilpferd.
Alle fröhlich auf dem Weg zum Gasthaus – mit Hut.
„Wo habt ihr die Hüte her?“, will der Löwe wissen.
„Na, von der Giraffe. Die verkauft heute Hüte.“

Heike Ellermann ◇

* *sprich: Dschentlmän = feiner Herr*

Kläre Wörter, die du nicht verstehst. Schlage im Wörterbuch nach. (→ **Lesefaden:** Schritt 2)

Lest den Text in verteilten Rollen. Ihr könnt den Text auch spielen.

- Lesestrategien beim Lesen nutzen: Textstellen klären
- handlungs- und produktionsorientiert mit Texten umgehen

Finde drei Kuckuckseier

Erdbeben Erdbeben Erdbeben Erdbeben Erdbeben Erdbeben
Erdbeben Erdbeben Erdbeeren Erdbeben Erdbeben Erdbeben
Erdbeben Erdbeben Erdbeben Erdbeben Erdbeben Erdbeben
Erdboden Erdbeben Erdbeben Erdbeben Erdbeben Erdbeben
Erdbeben Erdbeben Erdbeben Erdbeben Erdbeben Erdbeben
Erdbeben Erdbeben Erdbeben Erdferkel Erdbeben Erdbeben
Erdbeben Erdbeben Erdbeben Erdbeben Erdbeben Erdbeben

Wilde Wellenreiter

Auf den Wellen zu reiten macht vielen Menschen Spaß. Dabei gibt es verschiedene sportliche Möglichkeiten:

1 **Surfer** benutzen für ihren Sport nur ein Surfbrett. Mit diesem „reiten“ sie liegend oder stehend auf der Welle.

2 **Windsurfer** haben ein Surfbrett, das mit einem Segel verbunden ist. Sie nutzen beim Reiten über die Wellen zusätzlich die Kraft des Windes aus.

3 Sehr modern ist heute das **Kitesurfen**. Bei dieser Sportart ist am Surfbrett ein Kite – ein Lenkdrachen – befestigt, den man zur Fortbewegung auf dem Wasser nutzt.

1. Übung zum Überprüfen der Sinnerwartung
2./3. Übung zum Aufbau der Sinnerwartung

Lösungen S. 197

Funkelnde Kristalle – selbst gezüchtet

Du brauchst:

- ein Stück Pfeifenreiniger
- 240 Milliliter heißes Leitungswasser
- 360 Gramm Bittersalz
- Wollfaden
- Bleistift oder Holz-Spieß
- Glas

1 Biege aus dem Pfeifenreiniger eine Form. Binde den Faden daran.

2 Nimm das Glas mit dem heißen Wasser. Rühre so viel Bittersalz in das heiße Wasser ein, bis Salz am Glasboden liegen bleibt.

3 Binde die Form an einen Bleistift. Hänge sie in das Glas mit der Lösung.

4 Stelle das Glas auf ein sonniges Fensterbrett oder an einen anderen warmen Platz – außer Reichweite von kleinen Kindern und Haustieren.

5 Lass das Glas mehrere Tage stehen.

Wörter-Wirbelsturm

VA LA STROM

BEL STURM WIR

SAND TE WÜS

KAN BRUCH VUL AUS

BO RE GEN GEN

WEL BERG LEN

1. Übung zum Überprüfen der Sinnerwartung
2. Übung zur Segmentierung

Große Wellen

Sturm

Es wütet der Sturm,
Und er peitscht die Wellen,
Und die Welln, wutschäumend und bäumend,
Türmen sich auf, und es wogen lebendig
Die weißen Wasserberge,
Und das Schifflein erklimmt sie,
Hastig mühsam,
Und plötzlich stürzt es hinab
In schwarze, weitgähnende Flutabgründe.

Heinrich Heine

Glückliche Fahrt

Die Nebel zerreißen,
Der Himmel ist helle,
Und Aeolus* löset
Das ängstliche Band.

Es säuseln die Winde,
Es rührt sich der Schiffer.
Geschwinde! Geschwinde!
Es teilt sich die Welle,
Es naht sich die Ferne;
Schon seh' ich das Land.

Johann Wolfgang von Goethe

* *Gott der Winde*

Riesenwellen

Es gibt drei Arten von Riesenwellen.
Kaventsmänner:
gewaltige Einzelwellen, die die normale Welle um ein Vielfaches überschreiten.
Die drei Schwestern:
drei aufeinanderfolgende Wellen, die höher sind als die normalen Wellen.
Weiße Wände:
steile, fast senkrechte Wellenwände, die die Breite von einigen Kilometern annehmen können.

Martina Wildner

Die große Welle

Katsushika Hokusai: Die große Welle vor Kanagawa (Japan), um 1830

Wellen durch Seebeben

Riesige Flutwellen – Tsunamis – entstehen, wenn es auf dem Meeresboden zu einem Beben kommt. Die gewaltigen Erschütterungen eines solchen Seebebens können Wellen erzeugen, die bis zu 40 Meter hoch werden und ganze Küstenstreifen verwüsten.

Wähle einen Text. Lies den Text.

Tausche dich mit anderen in einer Lesekonferenz aus:
- Warum hast du den Text gewählt? Begründe.
- Was hast du im Text über Wellen erfahren? Erzähle. (→ **Lesefaden:** Schritt 3)
- Zu welcher Stelle hast du Fragen? (→ **Lesefaden:** Schritt 2)

- Text- und andere Medienangebote begründet auswählen
- Lesestrategien nach dem Lesen nutzen: Textinhalt wiedergeben
- Lesestrategien beim Lesen nutzen: Textstellen klären

PARTNERLESEN

Die Erde von oben

die Satelliten
die Veränderungen
die Auswirkungen
die Wirbelstürme
die Waldbrände
beobachtet werden

Wusstest du schon, dass die Erde vom Weltall aus beobachtet wird?

Nein, erzähl mal.

Es gibt Satelliten, die regelmäßig Bilder von der Erde machen. Dadurch können Veränderungen beobachtet werden. So kann man auch sehen, welche Auswirkungen die Erwärmung der Erde hat.

Und welche Veränderungen sind das?

Man kann zum Beispiel sehen, dass das Eis am Nord- und Südpol immer weniger wird. Es gibt auch viele braune Stellen. Das sind Gebiete, die sehr trocken sind und zu Wüsten werden.

Das ist ja spannend. Aber wusstest du, dass man auch Wirbelstürme über Satelliten sehen kann?

Das ist mir neu.

Das Beste daran ist, dass man einen Wirbelsturm sieht, lange bevor er die Küste erreicht. So kann man die Menschen noch rechtzeitig warnen.

Das ist ja sehr praktisch.

Ja, auch Waldbrände können damit beobachtet werden. So weiß die Feuerwehr genau, an welcher Stelle sie löschen muss.

Übe mit einem Partnerkind, den Text flüssig vorzulesen.

Was können Satelliten noch? Finde weitere Informationen. Gib den Begriff **Satellit** in eine Kinder-Suchmaschine ein.

- flüssig lesen: automatisiert, genau, zügig, sinngestaltend – **Basis**
- in Text- und anderen Medienangeboten recherchieren

Interview mit dem Astronauten Alexander Gerst

die Gletscher
die Rodungsflächen
die Vulkanausbrüche
die Astronautinnen
die Erdumkreisung
man realisiert*

* = man erkennt

Sie waren zweimal, 2014 und 2018, im Weltraum: Hatte sich die Erde verändert in der Zwischenzeit?

Man sah deutlich, dass die Gletscher kleiner geworden sind. Genauso war es mit dem Aralsee. Rodungsflächen im Amazonas dagegen waren gewachsen, auch Wüsten. Aber um das zu erkennen, muss man nicht ins All fliegen. Was wir Astronautinnen und Astronauten aber tun können, ist, das Verständnis für unsere Situation zu erweitern.

Was wiegt beim Blick auf die Erde schwerer: deren Schönheit oder die Spuren der Zerstörung?

Die Schönheit sticht sofort raus. Das ist auch noch bei der hundertsten Erdumkreisung so. Aber irgendwann realisiert man, dass der Planet da unten keinesfalls unendlich groß, sondern sehr klein ist. Diese Erkenntnis gehört zu den wichtigsten, die wir Astronauten zurückbringen können: Im Angesicht der Unendlichkeit spürt und fühlt man die Verletzlichkeit des Planeten.

Was zieht die Menschen überhaupt ins All?

Wenn ich in einem Wort sagen soll, warum wir zu anderen Planeten fliegen: Neugier.

Stefan Stosch

- Übe mit einem Partnerkind, den Text flüssig vorzulesen.
- Welches Wort verstehst du nicht? Schlage im Wörterbuch nach. (→ **Lesefaden:** Schritt 2)

Klassen-Quiz

Es gibt viele interessante Fakten über unsere Erde.
Testet euer Wissen.

Wie viele aktive
Vulkane gibt es noch?

A etwa 500
B etwa 1000
C etwa 1200

Antwort A ist richtig.

Einige Vulkane, wie der
Stromboli in Italien,
sind dauerhaft aktiv.

Wie hoch können Tsunami-
Wellen werden?
A bis zu 10 Meter hoch
B bis zu 40 Meter hoch
C bis zu 100 Meter hoch

Suche im Kapitel, in Sachbüchern oder im Internet nach Informationen zu unserem Planeten Erde.

- Notiere eine interessante Frage und drei Antwortmöglichkeiten.
- Schreibe auf die Rückseite die richtige Antwort mit einer kurzen Erklärung.
- Nutzt alle Fragen für ein Klassen-Quiz.

Von Tieren und Menschen

Die Sonne geht auf, der Tag beginnt,
die Blumen schaukeln sanft im Wind.
Da fliegt eine Biene und summt ganz leise.
Nimmt sie uns mit auf ihre Reise?

Patricia Hegarty

Schwerpunkt-Kompetenz:
- Lesestrategien nach dem Lesen nutzen: Textinhalt wiedergeben

So kannst du einen Text mit eigenen Worten wiedergeben

Tipp 1: einen roten Faden erstellen und nutzen

- Lies jeden ▸ Abschnitt einzeln.
- Schreibe zu jedem Abschnitt drei bis fünf wichtige Wörter oder Wortgruppen auf ein Kärtchen.
- Verbinde die Kärtchen mit einem roten Faden.
- Gib den Inhalt des Textes mithilfe des roten Fadens wieder.

– Brief von Opa
– Josy soll Bienenvolk bekommen
– Alma hilft

– Opas Testament
– Josy bekommt Opas Bienen
– Josy weiß nicht, warum

–

Tipp 2: einen Steckbrief erstellen und nutzen

- Lies jeden Abschnitt des Textes einzeln.
- Überlege, zu welchem Begriff des Steckbriefes die Information gehört. Ergänze den ▸ Steckbrief.
- Gib den Inhalt des Textes mithilfe des Steckbriefes wieder.

Die Honigbiene

Mitglieder des Bienenstaats:
Haltung:
Aussehen:
Nahrung:
Nutzen:

Ein Bienenvolk für Josy

Josys Opa war Imker und liebte Bienen. Jetzt ist er gestorben. Eines Tages bekommt Josys Familie einen Brief.

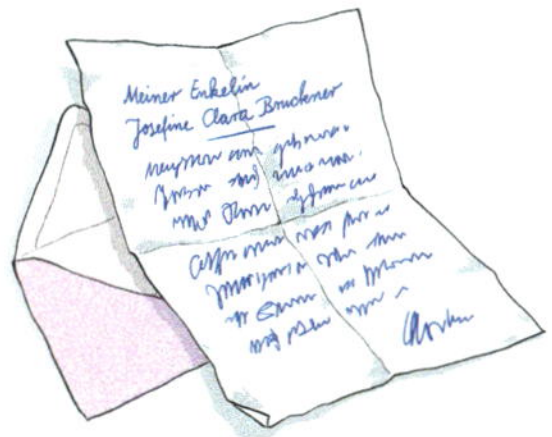

„Meiner Enkelin“, las Josys Vater. „Meiner Enkelin Josefine Clara Bruckner vermache ich mein letztes Volk Bienen. Sie stehen bei meiner Freundin und Imkerkollegin Alma Liesfeld zur Abholung bereit. Alma weiß Bescheid und wird Josefine mit Rat und Tat zur Seite stehen.“ Dann sah er über den Rand seiner Brille hinweg wieder Josy an. Aber Josy zuckte nur die Schultern.

Ihre Mutter atmete tief. „Also. Offensichtlich ist es so“, begann sie stockend. „Das ist Opas Testament, Josy. Vor einiger Zeit hat Opa aufgeschrieben, wer nach seinem Tod was erben soll. Und er wollte, dass du seine Bienen bekommst.“ „Ich?“, platzte Josy heraus. „Wieso ich?“ Josy konnte sich nicht erinnern, von ihrem Großvater jemals etwas geschenkt bekommen zu haben. Und jetzt, auf einmal, kam er mit Bienen an. Nachdem er gestorben war!

„Na gut“, dachte Josy. „Meinetwegen also Bienen. Angenommen, es wäre möglich. Nur mal angenommen. Dann würde doch derjenige, der seine Bienen liebte, sie nur jemandem anvertrauen, von dem er sicher sein konnte, dass er sich hundertprozentig um sie kümmern würde. Dem er vertraute. Der dafür sorgen würde, dass es die Tiere gut hatten.“ Etwas traf Josy mitten ins Herz. Der Großvater, Opa Ottmar, hatte ihr das alles zugetraut. Nicht ihrer Mutter, nicht ihrem Vater. Nur ihr allein. Josy wusste zwar noch immer nicht, warum sie diese Person war, aber sie wusste, was sie zu tun hatte.

Petra Postert ◇

Lies den Text abschnittsweise. Erstelle einen roten Faden. Gib den Text mithilfe des roten Fadens wieder. (→ **Lesefaden**: Schritt 3)

Josy denkt nach und weiß am Ende, was sie zu tun hat. Was wird sie wohl machen? Tauscht eure Vermutungen aus.

- Lesestrategien nach dem Lesen nutzen: Textinhalt wiedergeben
- die Perspektive von literarischen Figuren einnehmen

Die Honigbiene

Honigbienen sind Insekten und werden von den Menschen schon seit Tausenden von Jahren gehalten.

Die Honigbiene lebt in einem Bienenstaat zusammen mit bis zu achtzigtausend Bienen.
Ihr Zuhause ist der Bienenstock.
Das waren früher Körbe, heute sind es Holzkisten mit Deckeln und Fluglöchern. Hier wird der Honig hergestellt.

Die Herrscherin im Bienenstaat ist die Bienenkönigin. Weibliche Bienen heißen Arbeiterinnen. Männliche Bienen werden Drohnen genannt.

Um sich gegen Feinde wehren zu können, haben die Bienenkönigin und die Arbeiterinnen einen Stachel.

Bienen brauchen Waldränder, Gärten und Parks mit vielen Blumen und Wildkräutern. Dort saugt die Biene den Nektar* mit ihrem Rüssel aus Blüten als Nahrung für sich und ihre Brut. Dazu krabbelt die Biene in die Blüte hinein. Dabei bleibt auf ihrem Körper immer Blütenstaub, Pollen genannt, kleben. Blütenstaub gehört auch zur Nahrung der Biene.

Wenn die Biene zu einer anderen Blüte fliegt, hinterlässt sie dort ein wenig Blütenstaub.
Das nennt man Bestäubung. Es ist die wichtigste Aufgabe der Bienen. Denn nur so können sich unsere Pflanzen vermehren.
Ohne Bienen keine Pflanzen!

* *Pflanzensaft; zuckerhaltige, wässrige Flüssigkeit*

Die Honigbiene

Mitglieder des Bienenstaats:
Haltung:
Aussehen:
Nahrung:
Nutzen:

Lies den Text ▸ Abschnitt für Abschnitt. Betrachte das ▸ Schaubild.
Fertige einen ▸ Steckbrief über die Honigbiene an.
Gib den Inhalt des Textes mithilfe des Steckbriefs wieder. (→ **Lesefaden**: Schritt 3)

Wie viel ist ein Glas Honig wert?

(Gespräch mit der Bienenkönigin)

„Erlauben Sie mir, einen Wunsch zu sagen.
Ich möchte ein Glas Honig haben.

Was kostet's? Ich bin zu zahlen bereit.
Für was Gutes ist mir mein Geld nicht leid."

„Sie wollen was Gutes für Ihr Geld?
Sie kriegen das Beste von der Welt!

Sie kaufen goldenen Sonnenschein.
Sie kaufen pure Gesundheit ein!

Was Bessres als Honig hat keiner erfunden.
Der Preis? Ich verrechne die Arbeitsstunden.

Zwölftausend Stunden waren zu fliegen,
um so viel Honig zusammenzukriegen.

Ja, meine Leute waren fleißig!
Die Stunde? Ich rechne zwei Mark* dreißig.

Nun rechnen Sie sich's selber aus!
27 000 kommt heraus.

27 000 Mark und mehr.
Hier ist die Rechnung, ich bitte sehr!"

Josef Guggenmos

* *1 Mark = 51 Cent*

Phänomenal!

Für ein Glas Honig (500 Gramm) muss eine einzelne Biene eine Strecke von 120 000 (einhundertzwanzigtausend) Kilometern fliegen.

Das entspricht drei Runden um die Erde!

Warum ist ein Glas Honig so wertvoll?
Suche Erklärungen im ▸ Gedicht und im ▸ Sachtext. (→ **Lesefaden**: Schritt 2)

Suche weitere Informationen über Honig. Nutze eine Kinder-Suchmaschine.

- Lesestrategien nach dem Lesen nutzen: zentrale Aussagen erfassen und wiedergeben
- in Text- und anderen Medienangeboten recherchieren

Und plötzlich war Frau Honig da

„Ja, bitte?“ Julius Sommerfeld öffnete die Tür. Davor stand eine zierliche Gestalt. Etwa einen Meter siebenundsechzig groß. Gelber Mantel, unter dem eine schwarz-gelb geringelte Strumpfhose hervorguckte, die kurz darunter in den Gummistiefeln verschwand. Auf dem Kopf trug sie einen Hut. Wo auch sonst?

In der einen Hand einen alten Lederkoffer, über der Schulter eine größere Tasche und in der anderen Hand einen … ja, wie sollte man das beschreiben? Einen Korb? Einen Korb ohne Henkel und ohne Öffnung. Nein, so ganz stimmte das nicht. Es befand sich ein streichholzschachtelgroßes Loch an der Vorderseite.

Die Frau stellte Korb und Koffer ab, streckte Julius Sommerfeld die Hand entgegen und sagte: „Honig, Elsa Honig. Die VFFDAÜKW schickt mich!“ In diesem Moment flog eine Biene einmal um Frau Honigs Kopf herum und setzte sich dann gemütlich auf die Plastik-Anemone auf ihrem Hut. Dort blieb sie sitzen.

Julius Sommerfeld, der mit seinem Blick der Biene gefolgt war, reagierte nicht. Und Frau Honig wiederholte – diesmal etwas langsamer und deutlicher, als hätte sie es mit einem Schwerhörigen zu tun:
„Die VFFDAÜKW schickt mich!“
„Die, die, die wer?“, stotterte Julius Sommerfeld.
Frau Honig seufzte.
„VFFDAÜKW, die Vermittlungsstelle für Familien, denen alles über den Kopf wächst!“
Zwei Falten bildeten sich zwischen Julius Sommerfelds Augenbrauen.
„Und was wollen Sie?“, fragte er ungeduldig.
„Ich bin Ihr neues Kindermädchen!“
„Wir haben kein Kindermädchen angefordert, Sie müssen sich in der Adresse geirrt haben. Ich wünsche Ihnen noch einen schönen Tag!“

Schon wollte Herr Sommerfeld die Tür schließen, da hielt ihn Frau Honig zurück. „Ist das hier nicht der Spatzenwinkel Nummer 5? Und sind Sie nicht Herr Sommerfeld?“ Sie holte einen kleinen Zettel aus der Manteltasche und las noch einmal zur Sicherheit nach. „Julius Sommerfeld?“ Dann verglich sie den Namen auf dem Papier mit dem Namen, der auf dem Klingelschild stand.

Julius Sommerfeld trat einen Schritt aus dem Eingang und sah ebenfalls auf das Schild mit seinem Namen. „Äh, doch, ja, das bin ich! Aber da muss trotzdem eine Verwechslung vorliegen. Ich habe niemanden nirgendwo bestellt und mir wächst auch nichts über den Kopf.“

Aus dem Haus hörte man laute Musik und zwei schreiende Kinderstimmen. Auf dem Boden lagen kreuz und quer Spielsachen, Schuhe, Taschen und Jacken übereinander. Frau Honig sah erneut auf ihren kleinen Zettel. „Ich soll mich um den Haushalt kümmern, außer an Dienstagen, denn da kommt Ihre Putzfrau. Außerdem um Ihre vier Kinder Theo, Camille, Betty und Hugo.“

In Julius Sommerfelds Kopf arbeitete es. Er war sich sicher, kein Kindermädchen und auch keine Haushaltshilfe bestellt zu haben. Aber eines stand fest: Ihm wuchs momentan wirklich alles über den Kopf. Vier Kinder, das Haus, Kochen, Erziehen und seine Arbeit. Vielleicht war das ja die Lösung all seiner Probleme. Er atmete tief durch.

Sabine Bohlmann ◇

Frau Honig
Name:
Größe:
Aussehen:
Kleidung:
Beruf:
Besonderheit:

Fertige einen Steckbrief über Frau Honig an. (→ **Lesefaden**: Schritt 3)

Julius Sommerfeld **wächst momentan alles über den Kopf**.
Was bedeutet das? Lies im letzten Abschnitt nach. (→ **Lesefaden**: Schritt 2)

- Lesestrategien nach dem Lesen nutzen: Textinhalt wiedergeben
- Lesestrategien beim Lesen nutzen: Textstellen klären

Finde die drei Kuckuckseier

Biene Biene Biene Biene Biene Biene Biene Biene Biene
Biene Biene Beine Biene Biene Biene Biene Biene Biene
Biene Biene Biene Biene Biene Biene Biene Biene Biene
Biene Biene Biene Biene Biene Biene Biene Briefe Biene
Biene Biene Beile Biene Biene Biene Biene Biene Biene

Scherzfrage

Was fliegt durch die Luft und macht Mmus, Mmus, Mmus?

Eine Biene, die rückwärts fliegt.

Zungenbrecher

Wenn sich Bienen am Bienenstich bedienen,
bedienen sich Bienen am Bienenstich.

Finde die fünf Unterschiede

1./2./4. Übung zum Überprüfen der Sinnerwartung
3. Übung zur Segmentierung

Lösungen S. 197

Welches Tier bin ich?

Ich bin ein Insekt.
Ich habe Flügel.
Neben mir ist ein Tier ohne Flügel.
Ich bin nicht gelb.
Über mir ist das blau-grüne Tier.

Was gehört zusammen?

1 Eine Honigbiene bestäubt

2 Eine Bienenkönigin legt täglich

3 Eine männliche Honigbiene hat

4 Honigbienen tanzen, um

5 Honigbienen leben in

6 Das Summen der Biene entsteht

a etwa dreitausend Eier.

b einem Staat zusammen.

c täglich bis zu tausend Blüten.

d durch die Bewegung der Flügel.

e keinen Stachel.

f sich zu verständigen.

Kennst du diese Bienenwörter?

N◎ktar W◎be P◎llen ◎mker

L◎rve K◎nigin H◎nig St◎chel

Was ist das?

1./4. Übung zum Überprüfen der Sinnerwartung
2./3. Übung zum Aufbau der Sinnerwartung

Lösungen S. 197

Stacheliges

Keine Angst vor Wildbienen

Honigbienen und Wildbienen leben verschieden. Honigbienen werden von Menschen schon seit Jahrtausenden gehalten. Wildbienen dagegen leben frei in der Natur. Es gibt allein in Deutschland ungefähr 600 verschiedene Wildbienen-Arten.

Auch Wildbienen haben Stacheln. Es kommt aber sehr selten vor, dass Wildbienen Menschen stechen. Wildbienen stechen nur, wenn sie direkt bedroht werden. Und wenn eine Wildbiene tatsächlich zusticht, ist ihr Stachel meistens nicht einmal stark genug, um in unsere Haut einzudringen. Also, keine Angst vor Wildbienen! Ihr könnt sie gefahrlos an Blüten oder an ihren Nestern beobachten.

Der Gruß des Seeigels

Er igelt still am Meeresgrund,
und es ist ziemlich ungesund,
wenn man mit unbedachtem Schritt
auf seinen Stachelrücken tritt.
Der Mensch muss es dann büßen,
weil seine Stacheln grüßen.
Und wer schon mal auf einem stand,
der hinkte dann am Meeresstrand.

Alfons Pillach

Kommt 'ne Mücke geflogen

Kommt 'ne Mücke geflogen,
setzt sich nieder ohne Gruß.
Noch bevor ich sie kriege,
sticht sie mir in den Fuß.

KNISTER

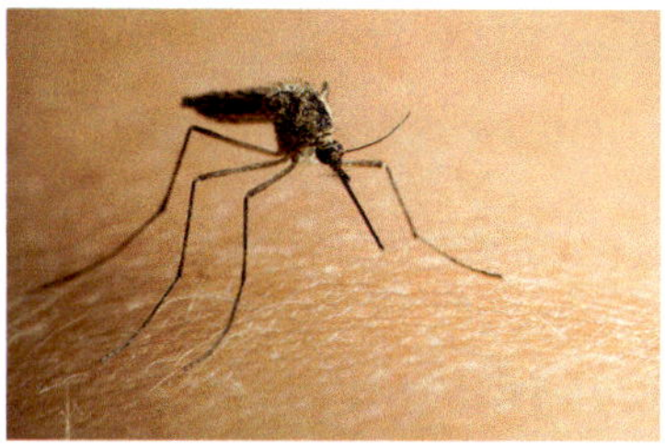

Stachelig und aufgeblasen!

Hast du schon mal vom Igelfisch gehört?
Dieser Fisch kann sich auf ganz besondere Weise wehren,
wenn ihm ein Raubfisch zu nahe kommt.

Innerhalb von nur wenigen Sekunden bläst sich der Igelfisch
bei Gefahr zu einer großen Kugel auf.
Das allein sieht für den feindlichen Raubfisch
schon drohend aus. Doch es passiert noch etwas:

Auf der Oberfläche des Igelfischs stellen sich nun zahlreiche Stacheln auf. Und das wirkt dann meistens wirklich abschreckend. Der Raubfisch sucht das Weite und schaut nach anderer Beute.

Wähle einen Text. Lies den Text.

Tausche dich mit anderen in einer Lesekonferenz aus:
- Warum hast du den Text ausgewählt? Begründe.
- Was hast du in deinem Text über Stacheln erfahren? Erzähle. (→ **Lesefaden**: Schritt 3)
- Will dein Text eher informieren oder eher unterhalten? Begründe.

- Text- und andere Medienangebote begründet auswählen
- Lesestrategien nach dem Lesen nutzen: Textinhalt wiedergeben
- Unterschiede und Gemeinsamkeiten von Texten beschreiben

Biene und Taube

sie schaffte
sie saß
gerettet
schießen
herbeiflog
der Schuss

Eine Biene wollte trinken und fiel in einen Bach.
Sie konnte nicht schwimmen und schaffte es nicht,
wieder aus dem Wasser zu kommen.

Das sah voll Mitleid eine Taube,
die hoch über dem Bach auf einem Baum saß.
Schnell warf die Taube der Biene ein Blatt zu.

Die Biene konnte auf das Blatt krabbeln
und flog davon. So ein Glück!
Durch die Hilfe der Taube war die Biene gerettet.

Am anderen Tag saß die Taube wieder auf dem Baum.
Ein Jäger wollte gerade auf sie schießen,
als die Biene herbeiflog und ihn in die Hand stach.
So ging der Schuss des Jägers daneben.
Die kleine Biene hatte die große Taube gerettet.

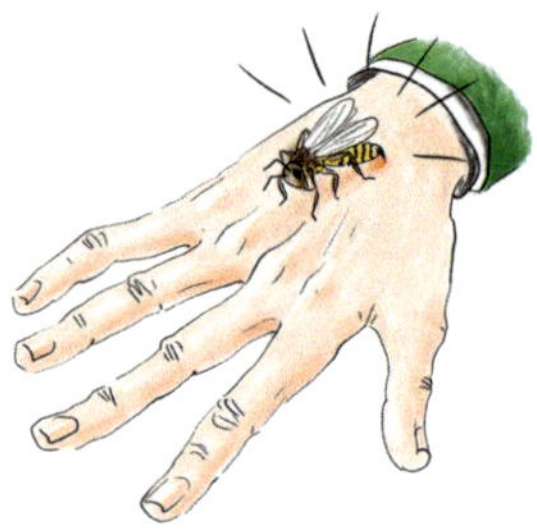

Übe mit einem Partnerkind, die ▸ Fabel flüssig vorzulesen.

Erstelle einen roten Faden.
Gib den Text mithilfe des roten Fadens wieder. (→ **Lesefaden**: Schritt 3)

- flüssig lesen: automatisiert, genau, zügig, sinngestaltend – **Basis**
- Lesestrategien nach dem Lesen nutzen: Textinhalt wiedergeben

Die Biene Liane

Die Biene Liane
fiel – plumps – in die Sahne
und strimpelt und strampelt
und himpelt und hampelt
und zappelt gar sehr
in der Sahne umher.

sie strampelt
das Quirrlen
das Wirrlen
sie quillt
sie schluchzt
sie juchzt

Die Biene Liane
schlägt Schaum in der Sahne.
Das Quirrlen und Wirrlen,
das Blubbern und Bubbern
verwirrt ihr den Blick.
Doch die Sahne wird dick!

Die Biene Liane
steigt auf mit der Sahne.
Dies Schäumen, sich Bäumen
– wer ließ sich das träumen? –
es hebt sie mit Braus
aus der Sahne heraus!

Sie quillt aus dem Glase
und fällt auf die Nase.
Da schluchzt sie und juchzt sie
und bügelt die Flügel
und brummelt vergnügt
und erhebt sich und – fliegt.

James Krüss

Übe mit einem Partnerkind, den Text flüssig vorzulesen.

Bereitet gemeinsam einen Gedichtvortrag vor.
Ihr könnt euch auch aufnehmen.

Bienen-Stecker für Bienen-Freunde

Bienen lieben besonders **Sonnenblumen**, **Margeriten**, **Löwenzahn**, **Glockenblumen**, **Sonnenhut** und **Kornblumen**. Sie nutzen den Nektar und Blütenstaub der Blüten als Nahrung. Doch es könnten noch an viel mehr Plätzen Blumen blühen, z. B. an Wegrändern, im Park, am Rande des Schulhofs, in einem Blumenkasten. Mit Bienen-Steckern kannst du darauf aufmerksam machen. Stecke sie dort in die Erde, wo mehr Blumen blühen können. Vielleicht sät dann jemand an dieser Stelle Blumensamen und bald blüht und summt es hier.

Sunflowers for bees,
please, please, please.

❀ ❀ ❀ oder Sonnenhut
bringen Nektar, das ist gut.

Gibt es ❀ ❀ ❀ hier für mich,
gibt es Honig dann für dich.

„Sät ❀ ❀ ❀!“, fordern hier die Bienen.
„Dann können wir mit Honig dienen.“

Bastle einen Bienen-Stecker.
Wähle eine Reimidee aus und ergänze mit einer Blumenart, die Bienen mögen.
Du kannst auch selbst reimen.
Befestige den Reim an deinem Bienen-Stecker.

Mit Medien leben

Lesen

Still sein und lesen.
Das sind schöne Stunden.
Man liest – und ist alles gewesen.
Man hat nichts gesucht – und hat alles gefunden.

Heinz Janisch

Schwerpunkt-Kompetenzen:
- Kinderliteratur kennen: Werke, Autorinnen und Autoren, Figuren, Handlungen
- die eigene Lese- und Medienerfahrung beschreiben und einschätzen

So kannst du Figuren aus Büchern kennenlernen

Tipp 1: eine Buchfigur zeichnen

Wähle eine Buchfigur aus.

- Welche Informationen stehen im Text?
- Wie stellst du dir die Figur vor?

Zeichne ein Bild von der Figur.

Schreibe den Namen der Figur dazu.

Tipp 2: eine Buchfigur in einem Steckbrief vorstellen

Wähle eine Buchfigur aus.

Suche im Text nach Merkmalen:

- Aussehen
- Alter
- Wohnort
- Eigenschaften
- Vorlieben
- Besonderheiten
- Freunde
- Familie

Notiere die Stichpunkte in einem ▸ Steckbrief.

Steckbrief

Name:

Herkunft:

Eigenschaft:

Berufswunsch:

3 Lesevorlieben:

Tipp 3: das Handeln der Buchfigur untersuchen

Wähle eine besondere Textstelle mit der Buchfigur aus.

- Was macht die Figur?
- Warum macht die Figur das?

große Leidenschaft: B
Er las die ganze Zeit,
überall. Er las beim F

Hör auf zu lesen!

Die große Leidenschaft der kleinen verträumten Bücherratte Horatio sind Bücher. Seine Eltern wollen aber Horatio das Lesen verbieten.

Jedes Mal, wenn Horatio gefragt wurde: „Und du, Kleiner, was willst du später einmal werden?“ Dann antwortete er: „Ich werde Leseratte!“ Seine Mutter verdrehte die Augen. Der Vater legte die Stirn in Falten und seufzte: „Hoffen wir, dass das vorübergeht!“ Horatio verstand das alles ganz und gar nicht. „Leseratte ist doch auf jeden Fall besser, als Kanalratte oder Laborratte zu werden!“, erwiderte er mit einem Schulterzucken. Und auf der Stelle fing er wieder an zu lesen. In Horatios Leben gab es eine große Leidenschaft: Bücher. Er las die ganze Zeit, immer und überall. Er las beim Frühstück und beim Zähneputzen und wenn er durch die Straßen lief. Er las bäuchlings auf dem Teppich seines Zimmers, ausgestreckt in der Badewanne, Badeschaum bis über die Ohren, auf der Toilette, im Aufzug, stehend, sitzend, liegend und sogar beim Radfahren! In der Schule las er heimlich, ein Buch auf den Oberschenkeln vor der Lehrerin versteckt. In den Pausen zog er sich in eine Ecke zurück und war manchmal so sehr ins Lesen vertieft, dass er das Pausenzeichen überhörte. Seine Eltern fanden das wirklich sehr beunruhigend. „Hör endlich auf zu lesen!“ „Aber warum?“, fragte Horatio überrascht. „Du … du wirst dir noch die Augen verderben!“, stammelte seine Mutter. „Du wirst blind wie ein Maulwurf!“ „Du wirst bestimmt taub!“, fügte der Vater hinzu.

Claire Gratias ◇

Wie beschreibt die ▸ Autorin die Buchfigur Horatio? Fertige einen Steckbrief an.

Steckbrief

Name:

Herkunft:

Eigenschaft:

Berufswunsch:

3 Lesevorlieben:

Wie stellst du dir Horatio vor? Zeichne ein Bild von der Figur. Schreibe den Namen und eine wichtige Textstelle dazu.

Herr Taschenbier trifft das Sams

Jetzt verstand Herr Taschenbier, warum die anderen nicht wussten, wie sie das Wesen nennen sollten. Da war einmal ein Kopf: zwei freche, flinke Äuglein, ein riesiger Mund und anstelle der Nase ein beweglicher kurzer Rüssel. Sein breites Gesicht war übersät mit großen blauen Punkten. Aus den feuerroten Haaren, die wie Stacheln eines Igels nach oben standen, schauten zwei abstehende Ohren. Und so sah der Körper aus, auf dem dieser Kopf saß: Zuerst fiel der grüne, prallrunde Trommelbauch auf. Die Arme und Hände waren die eines Kindes, die Füße dagegen erinnerten an vergrößerte Froschfüße. Brust und Bauch waren glatt und grün. „Das ist kein Tier, so viel steht fest“, sagte ein Mann aus der Menge. „Sonst könnte es nicht reden.“ „Was ist es dann?“ „Vielleicht kommt es vom Mars? Ein Marsmensch!“ „Reden Sie keinen Unsinn“, mischte sich ein streng aussehender Herr ein. „Das Lebewesen hier kommt nicht vom Mars. Das können Sie mir glauben. Ich bin Studienrat, Studienrat Groll!“ Sofort begann das Lebewesen, auf dem Boden herumzuhüpfen. Dabei sang es: „Studienrat, Studienrat. Hat den ganzen Kopf voll Draht! Studienrat Groll. Hat den Kopf mit Draht voll!“ Dann setzte es sich hin und schaute wieder frech in die Runde. „Sofort hörst du mit dem albernen Gesinge auf!“, rief der Studienrat empört. Statt einer Antwort streckte ihm das Wesen eine lange, gelbe Zunge heraus.

Paul Maar ◇

Wie beschreibt der ▸ Autor Paul Maar das Sams? Fertige einen Steckbrief an.

Das Sams - Steckbrief

Aussehen:

Haare:

Mund:

Nase:

Gesicht:

Bauch:

Arme und Hände:

Füße:

Eigenschaften:

Fähigkeiten:

Das Sams als Filmstar

Vor über 20 Jahren wurden die ersten drei Bände der Kinderbuchreihe das erste Mal verfilmt. ChrisTine Urspruch spielt die Hauptfigur in den Sams-Filmen. Ob die Schauspielerin im Film wirklich alle Torten verspeist? Und was brauchte der Maskenbildner wohl für ihre Verwandlung in das Sams?

314 Minuten Hörspielzeit

Diese Box enthält vier Hörspiele zu den ersten vier Büchern von Paul Maar. Das Sprecherteam macht das Zuhören zu einem spannenden Erlebnis.
Die Hörspielbox enthält die Hörspiele:

- Eine Woche voller Samstage
- Am Samstag kam das Sams zurück
- Neue Punkte für das Sams
- Ein Sams für Martin Taschenbier

Die Buchfigur Sams gibt es auch im Film und im Hörbuch. Wie hast du das Sams kennengelernt? Tauscht euch aus.

Finde heraus, wie viele Sams-Bücher Paul Maar geschrieben hat. Nutze eine Kindersuchmaschine.

- Kinderliteratur kennen: Werke, Autorinnen und Autoren, Figuren, Handlungen
- Informationen in Text- und anderen Medienangeboten finden und einschätzen

Was machen die Figuren?

Imel und die Ditiktevi jagin einin Dieb durch Birlen.

Ranjo Räubertachter wahnt auf einer Burg im Wold.

Bobo Blicksberg hext mot dem Spruch: Hex, hex.

Leseratten

Draußen in zwei Hängematten
lieg■ unsre Leseratten.
Die eine lies■ im Durstbuch,
die andere im Wurstbuch.
Pünktlich sag■ zur Mahlzeit
der Herr Vater all right,
woll■ wir doch nicht vergess■
das Familienmittagessen
und verscheuch■ die Leseratten
aus den Lesehängematten.

Jochen Missfeldt ◇

23. April – Welttag des Buches

1995 erklärte die UNESCO den ◎◎◎ zum „Welttag des Buches“.
Seitdem ist dieser Tag ◎◎◎ der Feiertag für das Lesen, für Bücher und für die Rechte von Autorinnen und Autoren.
An vielen Schulen finden Projekttage zum ◎◎◎ Bücher statt. Viele ◎◎◎ bieten Lesungen an.

Thema

Bibliotheken

weltweit

23. April

Buch gesucht!

1. Das Buch ist nicht gelb oder blau.
2. Es hat kein Etikett.
3. Es steht nicht neben einem grünen Buch.
4. Das Buch liegt nicht.
5. Es ist nicht grün.

1./4. Übung zum Überprüfen der Sinnerwartung
2./3. Übung zum Aufbau der Sinnerwartung

Lösungen S. 197

Bilderrätsel

Fünf ungleiche Zwillinge gesucht!

Lotta aus der Krachmacherstraße Lotta aus der Krachmacherstraße	Jim Knopf Jim Knapf	Räuber Hotzenplotz Räuber Hotzenpoltz

Gufidaun Gufidaun	Pippi Langstrumpf Pippi Langstrompf	Sams Sams	Kalle Blomquist Kalle Blomquist

Michel aus Lönneberga Michel aus Lönneberga	Pinocchio Pinocchio	Lola Schwesterherz Lola Schwesterharz	Häwelmann Häwelmond

Wie heißen die „Drehwörter“ richtig?

Autorinbuch Figurbuch Buchhör Tipplese Textklappen

Größeschrift Nachtlese Titelroman Rollenfilm Spielvideo

Welcher Film ist kein Animationsfilm?

Zeichentrickfilm
Legetrickfilm
Scherenschnittfilm
Realfilm
Flachfigurenfilm

1./4. Übung zum Aufbau der Sinnerwartung
2./5. Übung zum Überprüfen der Sinnerwartung
3. Übung zur Segmentierung

Lösungen S. 197

Tipps zum Sehen, Lesen, Hören

Bücherkarussell

Was haltet ihr von der Idee, gemeinsam in der Klasse zu lesen und ein Bücherkarussell zu gestalten? So einfach geht das:

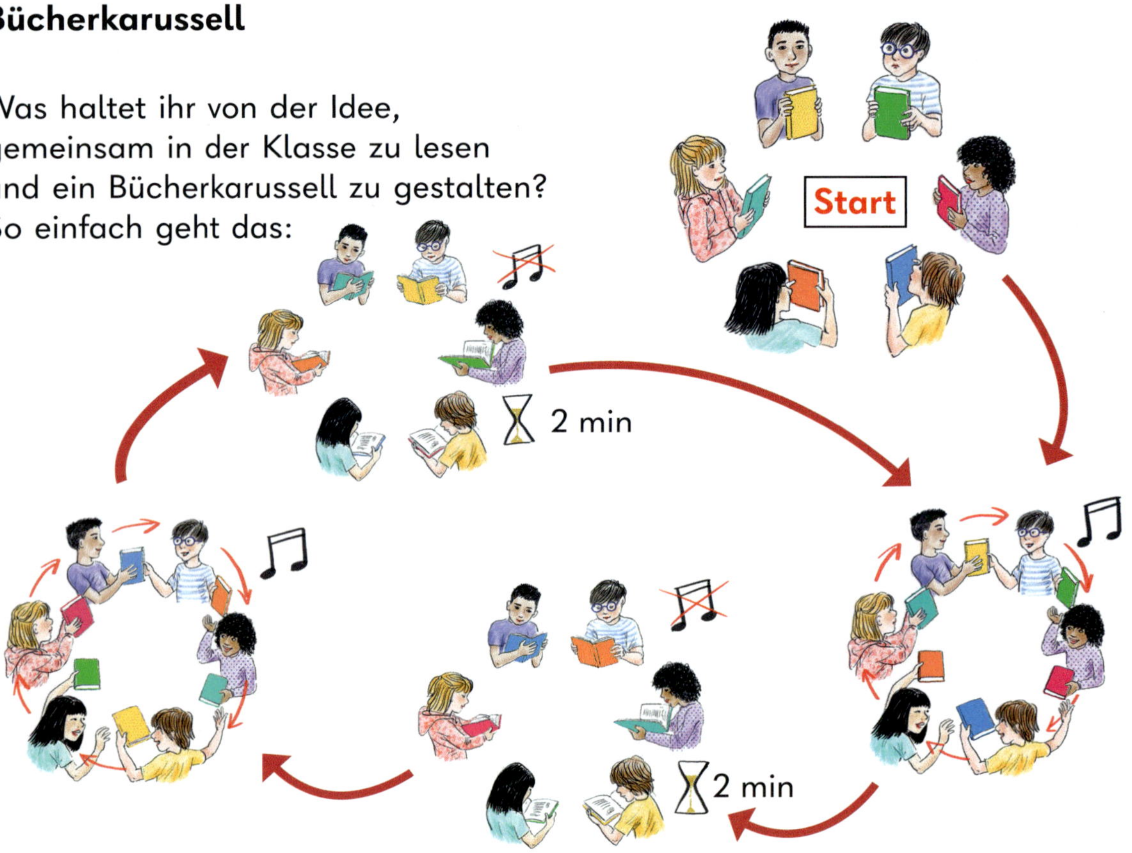

Checkliste Lesefavoriten

Vorschlag: Seht euch nach dem Bücherkarussell ein Buch genauer an. Tauscht euch in Kleingruppen über eure Lesefavoriten aus:

- ☐ Welches Buch hast du näher angeschaut?
- ☐ Wer ist die Autorin / der Autor?
- ☐ Worum geht es wohl in dem Buch?
- ☐ Würdest du das Buch gern lesen wollen? Warum?
- ☐ Wie viele Sterne gibst du dem Buch?

Welche Bücher haben fünf Sterne erreicht?

Charlottes Lesetipp

Medientipp zum Abreißen

Für alle Fans magischer Tiere! Voll das Chaos!

Auch das zwölfte Buch aus der Serie „Die Schule der magischen Tiere“ stand wieder auf der Bestsellerliste und ist auch mein Lese-Favorit! Wollt ihr wissen, was es mit den magischen Tieren auf sich hat und wer mit wem sprechen kann? Dann schaut einfach den Trailer zum Film an, schnappt euch ein Buch aus der Serie, hört in die CDs rein oder seht euch den Film an! Echt zu empfehlen!!!

Altersempfehlung: unbeschränkt

Das gibt's auch noch: kostenlose App

Schule der magischen Tiere
Margit Auer

Schule der magischen Tiere
Margit Auer

Schule der magischen Tiere
Margit Auer

Schule der magischen Tiere
Margit Auer

Schule der magischen Tiere
Margit Auer

Schule der magischen Tiere
Margit Auer

Schule der magischen Tiere
Margit Auer

Mach mit: Dein Lese- oder Medientipp

- Notiere Titel, ▸ Autorin / ▸ Autor, ▸ Illustratorin / ▸ Illustrator und ▸ Verlag.
- Denke dir eine Überschrift aus, die neugierig macht.
- Stelle eine interessante Figur oder Handlung oder einen Ort vor.
- Formuliere deine Meinung zum Buch, zum Film oder Hörbuch.

Wähle einen Text. Lies den Text.

Tausche dich mit anderen in einer Lesekonferenz aus:
- Warum hast du den Text ausgewählt? Begründe.
- Welchen Medientipp hast du kennengelernt? Erzähle. (→ **Lesefaden**: Schritt 3)
- Welches Buch, Hörbuch oder welchen Film möchtest du anderen Kindern empfehlen? Wie möchtest du den Tipp gestalten?

- Text- und andere Medienangebote begründet auswählen
- Lesestrategien nach dem Lesen nutzen: zentrale Aussagen wiedergeben
- die eigene Lese- und Medienerfahrung beschreiben und einschätzen

AH S. 49

Der Bücherfresser

Stens Großvater vererbte der Familie seine Bücher und eine kleine Holzkiste auf der stand: „Nur für Sten! Unbedingt heimlich öffnen.“

„All die Bücher!“, stöhnte Mama. „Was sollen wir mit denen?“

„Verfeuern!“, schlug Papa vor.

Da guckte Sten ihn ganz streng an und sagte: „Also, ich verfeuer deine Autozeitschriften nicht, wenn du mal tot bist.“

Papa wurde rot wie ein Radieschen – und schleppte Opas Bücher auf den Dachboden. Dreiundzwanzig steinschwere Umzugskartons. Danach musste er sich erst mal aufs Sofa legen.

Sten aber schlich auf den Dachboden, packte alle Bücher aus und stapelte sie zu Wänden. Irgendwann war sie fertig, seine Bücherhöhle. Dann kroch er mit der „Unbedingtheimlichöffnen“-Holzkiste hinein. Auf der Kiste klebte ein Brief.

„Hallo Sten! Ich weiß, du magst keine Bücher. Hoffentlich hast du meine trotzdem vor eurem Ofen gerettet. Für das, was in der Kiste steckt, wirst du sie nämlich brauchen. Bis irgendwann in einem anderen Leben, Opa.“

Sten wurde ganz kalt vor Traurigkeit.

Dann klappte er den Deckel auf. Auf einem Haufen Papierschnipsel lag ein pelziges Etwas. Ein bisschen wie ein Meerschwein sah es aus.

„’nen Stofftier?“, murmelte Sten. Aber als er nach dem Plüschding griff, kreischte es los. Erschrocken ließ Sten es fallen.

„Reg dich ab, ich tu dir nichts!“, flüsterte Sten. „Ehrenwort.“

„Gib mir ein Buch!“, lispelte das Pelzschwein. „Ein knackig-knuspriges! Nein, warte – ein flüstervoll-furchtbar-fantastisches, ja?“

Sten zog vorsichtig irgendein Buch aus der Höhlenwand.

„Kaperfahrt nach Tortuga“, las er.

Das Pelzschwein beschnüffelte den Einband und nickte.

„Hmm, ja, das riecht abenteuerlich, trauerlustig, süß und sauer, ja!“

Es biss in das Buch, als wäre es ein Butterbrot.
„War eine wunderbare Geschichte! Kribbelt immer noch bis in die Zehen“, sagte das Pelzschwein. „Bist du auch einer?“
„Was?“, fragte Sten.
„Nein.“ Das Pelzschwein schüttelte den Kopf. „Du bist keiner. Aber dein Großvater! Was für ein Bücherfresser! Drei am Tag schaffte er – und verschlang sie mit den Augen.“
Es seufzte. „Ich kann das nicht. Aber ich behalte jedes Wort, das ich wegknabbere! Als dein Großvater schlechte Augen bekam, hat er mich mit Büchern gefüttert und ich habe sie ihm Wort für Wort erzählt, so …“
Die Bodenleiter knackte. Hinter seinem Vater quetschte sich ein dicker Mann durch die Bodenluke.
„O nein! Sten!“, rief Papa, als er die leeren Kartons sah. „Konntest du dir nicht aus was anderem ’ne Höhle bauen?“
„Die sind nicht zu verkaufen“, sagte Sten. „Ich werde sie lesen. Alle. Jeden Buchstaben.“
Papa war wütend wie ein Walross, aber Sten durfte die Bücher behalten.
Sobald alle schliefen, schlich er auf den Dachboden.
Als er die Taschenlampe in der Höhle anknipste, blinzelte ihn der Bücherfresser verlegen an. Mindestens fünf Bücher waren angenagt.
„Ich musste einfach ein paar kosten“, flüsterte er. „Abenteuer, Reisen zum Mond und unter die Erde. Vergangene Zeiten, versunkene Welten, Feiglinge, Helden, Räuber, Verräter, dunkle Orte, Geheimnisse, Schätze …“ Er seufzte. „Wörtermusik.“
„Okay“, sagte Sten. „Erzähl mir eins, irgendeins!“
Er legte sich hin und der Bücherfresser setzte sich auf Stens Bauch und erzählte. Die ganze Nacht. Und noch viele andere.

Cornelia Funke

Wähle eine besondere Textstelle mit der Buchfigur aus.
Was macht die Figur? Warum macht die Figur das?

Wie würdest du dich als Leserin oder Leser beschreiben?
Bist du vielleicht auch ein „Bücherfresser“? Tauscht euch aus.

Muffel kann fast alles

das Nilkrokodil
der Alligator
der Rollerfahrer
das Preisausschreiben
die Hauptspeise
die Sonderwünsche

Muffel kann gut Tore schießen.
Er kann schwimmen und tauchen.
Er kann Nägel einschlagen
und auf dem Kopf stehen.
Er kann ein Nilkrokodil
von einem Alligator unterscheiden.
Außerdem ist er der schnellste Rollerfahrer
der ganzen Schule. Muffel kann fast alles.

Nur eines kann Muffel nicht so gut, und das ist lesen. Aber lesen ist auch nicht so wichtig. Denn lesen können sowieso die anderen. Außerdem ist lesen langweilig. Vom Lesen bekommt Muffel immer juckende Augen und schwere Füße. Lesen macht ihn müde. Unheimlich müde.

Mamas ernstes Wort nützt einfach nichts. Also muss sich die Mama etwas anderes einfallen lassen. Und weil ihr selbst nichts einfällt, setzt sie einen Preis aus.
Sie hängt einen großen Zettel ins Treppenhaus.

Preisausschreiben

Wer Muffel Maus dazu bringt, ein Buch zu lesen,
gewinnt ein Mittagessen bei Familie Maus.
Suppe, Hauptspeise, Nachspeise. Sonderwünsche möglich!
Mitmachen kann jeder!

Der Erste, der den Zettel liest, ist Muffel. Weil es doch schließlich um ihn geht. Da wird man dann auch nicht gleich so müde vom Lesen. „Bist du verrückt?“, ruft Muffel, als er fertiggelesen hat.

Saskia Hula

Übe mit einem Partnerkind, den Text flüssig vorzulesen.

Vergleiche die Figur Muffel mit der Figur Sten auf Seite 176/177.
Tausche dich mit einem Partnerkind aus.

- flüssig lesen: automatisiert, genau, zügig, sinngestaltend – **Basis**
- Kinderliteratur kennen: Werke, Autorinnen und Autoren, Figuren, Handlungen

Bücherprojektwoche Wunschbuchladen

Frau Eule ist die Besitzerin des Wunschbuchladens. Sie liebt Bücher über alles. Als die Klassenlehrerin Frau Rose erkrankt, hilft Frau Eule gern aus.

die Bücherprojektwoche
der Wunschbuchladen
die Vorstellungsrunde
der Bücherflohmarkt
das Familiengeheimnis
die Comicsammlung

Sie klatschte in die Hände. „Und jetzt starten wir mit einer kleinen Vorstellungsrunde! Damit ich euch besser kennenlerne, sagt mir bitte eure Namen und erzählt mir von eurem Lieblingsbuch. Im Anschluss daran möchte ich euch bitten, eine Seite für euer Buch zu gestalten. Ihr könnt etwas malen, schreiben oder basteln – lasst eurer Fantasie freien Lauf. Beim Bücherflohmarkt können wir eure gesammelten Buchtipps an Interessierte verteilen."

„Das gefällt mir", sagte Nora. Sie überlegte kurz und erzählte dann von einer Geschichte, in der ein Junge einem alten Familiengeheimnis auf die Spur kam. Sie erzählte so spannend, dass ich allein vom Zuhören eine Gänsehaut bekam. Auch die anderen Bücher klangen interessant, und ich fand es toll, meine Mitschüler mal von einer anderen Seite kennenzulernen. Ich hätte nie gedacht, dass Sarah am allerliebsten Krimis las oder Ben eine riesengroße Comicsammlung hatte.

Nachdem die Runde beendet war, verteilte Frau Eule Blätter für unsere Buchvorstellungen. Während die anderen sofort loslegten, fiel mir auf, dass Frau Eule kurz an unserem kleinen Regal in der Leseecke stehen blieb. Sie zog ein Buch heraus. „Dieses Schätzchen stand vor einiger Zeit noch bei mir im Laden. Frau Rose hat es für euch gekauft."

Katja Frixe ◈

Übe mit einem Partnerkind, den Text flüssig vorzulesen.

Welche Lesevorlieben in deiner Klasse sind für dich überraschend? Tausche dich mit einem Partnerkind aus.

- flüssig lesen: automatisiert, genau, zügig, sinngestaltend – **Erweiterung**
- die eigene Lese- und Medienerfahrung beschreiben und einschätzen

Bücher – selbst gestaltet

Man kann Bücher nicht nur lesen, sondern auch selbst schreiben und gestalten. Zum Beispiel mit diesen Formen. Als Geschenk für einen Freund oder eine Freundin oder für die Familie sind sie etwas ganz Besonderes.

Ein Stufenbuch

S
O
M
M
E
R

Dieses Buch ist besonders für ▸ Rezepte, Bastel- und Spielanleitungen geeignet. Man kann es auch für Sprachspiele (z. B. ▸ Akrostichon) benutzen.

Ein Buch mit einem Guckloch

In einem „Guckloch" kannst du Lesetipps verschenken. Du kannst eine wichtige Figur oder ein Bild zu einer Lieblingsstelle malen. Die Anleitung findest du auf Seite 17.

Ein digitales Buch

Gestalte mit einer App dein eigenes digitales Buch auf dem Tablet. Du kannst Texte, Bilder, Filme und Sprachaufnahmen kombinieren.

Ein Faltbuch

Schreibst du über ein Tier oder eine besondere Beobachtung, so kannst du solch ein Faltbuch mit dem passenden Motiv wählen.

Wähle eine Buchform aus und gestalte das Buch als Geschenk für eine Freundin oder einen Freund. Du kannst in das Buch einen eigenen Text schreiben oder eine schöne Textstelle aus deinem Lieblingsbuch abschreiben.

Im Sommer

Wiesenschätze

Barfuß gegangen
ein paar Halme gefangen
sie ragen aus Zehenzwischenräumen heraus
schön sieht das aus

Lena Raubaum

Schwerpunkt-Kompetenz:
- Vorstellungen zum Textinhalt entwickeln und darstellen

So kannst du dir besser vorstellen, was du liest

Tipp 1: einen Lageplan zu einem Text zeichnen

Untersuche:

- Welche Namen findest du für Orte und Straßen?
- Wie werden die Orte und Straßen beschrieben?

Zeichne einen Lageplan.

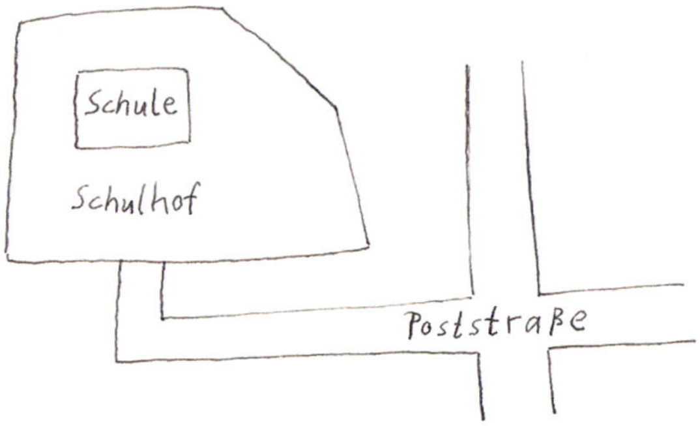

Tipp 2: einen Textabschnitt mit anderen vorspielen

Wählt gemeinsam einen ▸ Abschnitt zum Vorspielen aus.

Überlegt:

- Welche Figuren spielen eine Rolle?
- Was sagen die Figuren?
- Wie handeln die Figuren?
- Welche Gegenstände werden benötigt?

Übt mehrmals.

Spielt den Textabschnitt vor.

Tipp 3: über die eigenen Vorstellungen mit anderen sprechen

Wähle eine Textstelle aus.

Sage, was du dir zu der Textstelle vorstellst.

Tauscht eure Gedanken dazu aus.

Wir reißen aus

Tara aus dem Möwenweg erzählt:

Vincent hat gesagt, wir sollen ihm alle einfach möglichst lautlos folgen. Er hat sich nämlich schon genau überlegt, wohin wir ausreißen können. Und das war ja ein Glück. Wir anderen wussten schließlich mit dem Weglaufen nicht so genau Bescheid. Da war es doch gut, dass Vincent alles in die Hand genommen hat. Als wir aus dem Möwenweg abgebogen sind, hab ich mich noch mal umgedreht und zurückgeguckt. Es konnte doch sein, dass ich unser Haus nie mehr wiedersehen würde! Da hatte ich plötzlich einen richtigen Kloß im Hals.

Eigentlich war alles ja schrecklich traurig. Man stelle sich vor, wenn wir wirklich niemals mehr zurückkommen würden!

Wir sind durch das ganze Neubaugebiet gegangen und an der Schule vorbei und in den Ort und an der Hauptstraße entlang. Und gerade als ich gedacht hab, dass ich bestimmt keinen einzigen Tagesmarsch mehr durchhalte, ist Vincent hinter dem neuen Feuerwehrgerätehaus in eine kleine Seitenstraße eingebogen.

„Hier wird ab jetzt unsere Heimat sein“, hat er feierlich gesagt. Vincent liest ja so viele Bücher. „Wasser ist immer das Wichtigste.“ Und da hab ich gewusst, dass der weite Weg sich gelohnt hatte. Hinter dem Gerätehaus ist nämlich eine Wiese mit Büschen und ein paar Bäumen drauf. Und in der Mitte liegt der Feuerwehrteich. „Geil!“, hat Petja geschrien. „Wildnis!“ Eine richtig wilde Wildnis war es natürlich nicht, nur fast. Aber Jul hat sich an die Stirn getippt und gesagt, so dicht beim Möwenweg finden uns die Erwachsenen doch sofort. Vincent hat gesagt, das ist Quatsch. Es ist wie mit der Lesebrille von seiner Mutter. Die sucht sie auch jeden Tag, und dabei hängt sie immer an einer Schnur um ihren Hals. „Ganz in der Nähe sucht man nämlich nie!“, hat Vincent gesagt. Das war doch schlau von ihm.

Kirsten Boie ◇

Lies Zeile 22–41.
Zeichne einen Plan vom Weg der Kinder in die neue Heimat.

Tara hat **einen Kloß im Hals,** wenn sie ans Ausreißen denkt.
Wie stellst du dir das vor?

Sommergesang

Geh aus, mein Herz, und suche Freud
in dieser lieben Sommerzeit
an deines Gottes Gaben;
schau an der schönen Gärten Zier
und siehe, wie sie mir und dir
sich ausgeschmücket haben.

Paul Gerhardt ◇

Sommernacht

Als ich lag im Schlummerschlummer
kam ein fetter Brummerbrummer
machte laut mir Kummerkummer
bis ich müde mich vom Bett erhob

Sagte ich du dummerdummer
dicker fetter Brummerbrummer
machst mir nie mehr Kummerkummer
klatschte mit der Zeitung wild und grob

Doch der fette Brummerbrummer
fiel in keinen Schlummerschlummer
flog im Zimmer rumundrummer
bis ich wütend aus dem Zimmer stob

Uwe-Michael Gutzschhahn

- Ein Gedicht wurde bereits 1656 verfasst. Welches? Begründe.
- Wie wird der Sommer in den Gedichten beschrieben? Vergleiche.
- Wähle eine Textstelle aus. Male ein Bild dazu.

- Unterschiede und Gemeinsamkeiten von Texten beschreiben
- Vorstellungen zum Textinhalt entwickeln und darstellen

Hüpfendes Sommerorchester

Erst wenn die Heuschrecken ihr Konzert beginnen, ist für viele Menschen der Sommer perfekt. Keine andere Insektengruppe lässt so viele verschiedene Gesänge erklingen wie die Heuschrecken. Die vielen Arten von Heuschrecken kann man vom Aussehen nur schwer unterscheiden. Aber Rhythmus und Klang jeder Art sind unverwechselbar.

Mal leiser und mal lauter, mal melodiös, mal schrill hört man sie zirpen, schnarren, klicken und knarren. Mit diesen Geräuschen werden die Weibchen bezirzt* oder die Rivalen vertrieben. Die Laute der Heuschrecken werden vor allem durch das Reiben der Flügel, der Beine oder der Oberkiefer erzeugt.

* *angelockt*

Die **Knarrschrecken** reiben ihre Oberkiefer aneinander und lassen ein leises „Zähneknirschen“ hören.

Die **Grashüpfer** streichen mit einem oder beiden Hinterschenkeln über die Flügel.

Die **Eichenschrecke** trommelt mit ihren Hinterbeinen auf ein Blatt.

Die **Sumpfschrecke** schleudert ihre Hinterbeine nach hinten und erzeugt damit einen Laut wie ein Fingerschnippen.

- Warum „singen“ Heuschrecken? Finde zwei Begründungen. (→ **Lesefaden**: Schritt 2)
- Die Heuschrecken können mit bestimmten Körperteilen Geräusche machen. Zeichne die ▸ Tabelle ab und ergänze sie.

Heuschreckenart	So erzeugen sie Geräusche
Knarrschrecken	reiben ihre Oberkiefer aneinander
Grashüpfer	

Tauch-Spiel

Versenke einen Gummiring oder einen anderen „Schatz“ ins Wasser. Bitte ein Partnerkind, ihn hochzuholen.

Rätsel

Scheint die Sonne, ist er da, dieser dunkle Fleck.
Klebt dir an dem Fenster fest, geht und geht nicht weg.
Springt im Flur die Treppe rauf –
und löst sich in gar nichts auf.

Witz

Treffen sich zwei Urlauber in der Sahara.
Fragt der eine:
„Wie weit ist es noch bis zum Meer?“
„Zweihundertfünfzig Kilometer“, sagt der andere.
Darauf der erste: „Toller Strand, was?“

Welches Kind trägt alle diese Sachen?

1 2 3 4 5 6

1. Übung zum Aufbau der Sinnerwartung
2./3./4. Übung zum Überprüfen der Sinnerwartung

Lösungen S. 197

Neue Eissorten?

Vanschokhim   Erdzitban   Heidelpfirvan   Haselkipistaz

Welchen Schmetterling gibt es nur einmal?

Ferien

In meinen So…erferien,
da fahr ich nach Siberien.

Ach nein, ich fahr ja nach Sibirien
in m…en Sommerfirien.

Und du fähr… nach Italien
in dein… Sommerfalien?

Uwe-Michael Gutzschhahn

Merkwürdige Wörter

L◎M◎N◎D◎	M◎◎R◎SSTR◎ND
H◎MB◎◎R◎◎S	S◎MM◎RR◎◎SE
S◎G◎LB◎◎T	F◎R◎◎NB◎G◎NN
SCHW◎MMB◎D	S◎NN◎NBR◎ND
G◎B◎RG◎	R◎◎S◎G◎P◎CK

Wie heißen die Städte richtig?

1. Übung zur Segmentierung
2. Übung zum Überprüfen der Sinnerwartung
3./4./5. Übung zum Aufbau der Sinnerwartung

Lösungen S. 197

Unterwegs sein

Große Erwartungen

Asta fährt mit dem Zug in den Sommerurlaub.

Draußen fliegt die Welt vorbei. Wie ein Taschentuch,
das man aus dem Zugfenster hält und dann loslässt,
damit der Wind es forträgt.
Loslassen, und zack, weg ist das Taschentuch. Rausgucken,
und zack, ist wieder ein Stückchen Welt vorbeigezogen.
Es stört mich nicht im Geringsten, denn ich fahre
nach Geschrey, da brauche ich die Welt nicht,
denn dort ist sie zu Ende. Dort läuft die Zeit langsamer
und ich werde dort lauter schöne Dinge machen.
Und das Schönste: Ich bin die ganze Zeit
mit Ringo zusammen, meinem besten Freund.
Der Sommer gehört uns.
Und dieses Jahr wird alles noch schöner.
Ganz unheimlich wunderbar großartig schön.
Von mir aus könnte der Zug noch schneller fahren.

Judith Burger ◈

Unterwegs mit dem Fahrrad

Eni und Nuri lieben Fahrradfahren.
Sie erkunden mit ihrem Vater
die Seen rund um Leipzig.
Heute hat Eni sich
eine kurze Tour gewünscht.
Wo es wohl hingeht?

© komoot

Pettersson zeltet

Der alte Pettersson und sein Kater Findus machen Pläne für den Sommer.

„Ich schlage vor, wir machen eine lange Wanderung
um den See und dann zelten wir irgendwo und angeln,
und wenn die Sonne untergeht, sitzen wir am See
und braten Barsche über dem Feuer."
„Jaa, das machen wir. Komm wir gehen los!",
rief Findus und lief hinaus.
„Immer mit der Ruhe, erst muss ich ein bisschen vorbereiten."
Zelt, Schlafsack, Rucksack, Kaffeekanne, die Erfindung,
die noch nicht ganz fertig war ...
Es dauerte lange, ehe alles bedacht, hervorgesucht und verstaut war.
Der Kater wartete ungeduldig.

Sven Nordqvist ◇

Packliste für das Zelten

- Schlafsack
- Isomatte
- Zelt
- Gaskocher
- Topf
- Becher, Teller und Besteck
- Buch
- Stuhl und Tisch
- Taschenlampe

Wähle einen Text. Lies den Text.

Tausche dich mit anderen in einer Lesekonferenz aus:
- Warum hast du den Text ausgewählt? Begründe.
- Ist dein Text ein Gedicht, eine Erzählung, eine Karte oder eine Liste?
- Was hast du in deinem Text über das Thema **Unterwegs sein** erfahren? Erzähle. (→ **Lesefaden**: Schritt 3)
- Was haben die Texte gemeinsam? Was ist unterschiedlich? Vergleicht.

- Text- und Medienangebote begründet auswählen
- Lesestrategien nach dem Lesen nutzen: Textinhalt wiedergeben
- Unterschiede und Gemeinsamkeiten von Texten beschreiben

3 × 4 Lesewettbewerb im Sommer

Lesen kannst du überall und immer, aber in den Ferien macht es besonders viel Spaß: auf einer Wiese, im Urlaub oder an deinem Lieblingsort.
Probiere einfach mal die 3 × 4 Lese-Ideen in den Ferien aus.

Lies den Käfern auf der Wiese ein Gedicht vor. 	Suche am Computer nach Sommerbuchtipps. Lies die Buchbeschreibungen.	Lies eine halbe Stunde am Stück. 
Lies einen Zungenbrecher ganz oft, bis du ihn richtig schnell lesen kannst. Stoppe die Zeit.	Lass dir von jemandem vorlesen. 	Lies ein Buch von Anfang bis Ende. (Tipp: Es muss ja nicht so lang sein.)
Lies den Fahrplan an der Bushaltestelle. 	Schicke ein Foto von dir und deinem Buch an deine Freundin oder deinen Freund.	Lies alle Eissorten in einem Eisgeschäft vor. 
Lies draußen auf einer Bank. Nimm dir dazu auch ein Picknick mit.	Lies ein Rezept für ein kühles Sommergetränk. 	Lies jemandem am Telefon die fünf schönsten Wörter vor, die du in einem Buch gefunden hast.

Vielleicht gibt es eine Ferienbelohnung von deinen Eltern oder Großeltern, wenn du alle Lese-Ideen geschafft hast.

Mach einen Wettbewerb mit dir selbst:
Versuche, alle Lese-Ideen zu schaffen.
Für jede Lese-Idee brauchst du mindestens zehn Minuten.
Du kannst dir auch weitere Lese-Ideen ausdenken.

- Text- und andere Medienangebote begründet auswählen
- flüssig lesen: automatisiert, genau, zügig und sinngestaltend

Toni will ans Meer

Philip Waechter ◇

Warum können Toni und seine Mutter nicht in den Urlaub fahren? Stellt Vermutungen an.

Spielt den Comic zu zweit oder zu dritt vor. Nutzt Tipp 2 auf Seite 182.

- eigene Gedanken zu Texten entwickeln, zu Texten Stellung nehmen und sich mit anderen austauschen
- Vorstellungen zum Textinhalt entwickeln und darstellen

Glückliche Reisetage

die Erinnerungen
gestapelten
aufgeschrammt
die Schokoladentorte
das Schwedisch
das Italienisch

Dunne lebt in Schweden. Jeden zweiten Sommer fliegt sie mit ihrem Vater nach Italien zu ihrer Großmutter. Dunne hat viele Erinnerungen an diese Reisen.

Ihre schönste Erinnerung ist das eine Mal,
als sie auf dem Gepäckwagen saß …
Ganz oben auf dem gestapelten Gepäck saß sie.

Und plötzlich krachte der Stapel zusammen,
aber Papa stürzte herbei und fing sie auf.
Ihr Papa rettet sie immer!

Ein anderes Mal, als sie in Italien war,
ist sie hingefallen und hat sich Hände,
Knie und die Nase aufgeschrammt.
Da waren sie gerade in einem Restaurant.

Die Kellner in dem Restaurant hatten so ein Mitleid mit ihr,
dass sie ihr eine große Schokoladentorte schenkten.
Dunne konnte die ganze Familie zum Mitessen einladen.

Danach spielte sie mit ihrem Cousin Alessandro.
Als sie müde wurden, setzten sie sich hin und unterhielten sich.
Dunne redete Schwedisch und Alessandro Italienisch.

„Fiore“, sagte Alessandro. Das bedeutet Blume.
„Amore“, sagte er auch. Das bedeutet Liebe.
Das Wort versteht Dunne, ihr Papa sagt es oft.

Rose Lagercrantz ◈

- Übe mit einem Partnerkind, den Text flüssig vorzulesen.
- Finde heraus, wie **Blume** in anderen Sprachen bezeichnet wird. Überlege, wen du fragen kannst.

- flüssig lesen: automatisiert, genau, zügig und sinngestaltend – **Basis**
- handlungs- und produktionsorientiert mit Texten umgehen

Die Abfahrt ins Ferienlager

die Typen
das Zeltlager
das Boxen
das Luchsauge
der Chef
wiedererkennen

Nick fährt zum ersten Mal allein ins Ferienlager.
Seine Eltern bringen ihn zum Bahnhof.

Vor dem Wagen 17 waren schon eine Menge Typen in meinem Alter mit ihren Müttern und ein Herr hatte ein Schild, auf dem stand: Blaues Lager – das ist der Name von dem Zeltlager, wo ich hinfahre. Alle haben gerufen und geschrien.

Der Herr mit dem Schild hat eine Menge Papiere in der Hand gehabt. Papa hat ihm meinen Namen gesagt, der Herr hat in seinen Papieren nachgesehen und hat gerufen: „Stöffler! Hier kommt noch einer für deine Gruppe!“ Und da ist ein großer Typ gekommen, der war mindestens 17, so groß wie der große Bruder von Franz, der ihm das Boxen beibringt.

„Servus Nick“, hat der Große gesagt. „Ich heiße Gerd Stöffler und ich bin der Chef von unserer Gruppe. Die Gruppe heißt ‚Luchsauge‘.“ Und er hat mir die Hand gegeben. Prima, der Typ.

„Dürfen wir Ihnen unseren Nick anvertrauen?“, hat Papa gesagt und er hat ganz komisch gelächelt.

„Keine Sorge“, hat mein Chef gesagt, „Sie werden ihn nicht mehr wiedererkennen, wenn er zurückkommt.“

René Goscinny ◇

Übe mit einem Partnerkind, den Text flüssig vorzulesen.

Nicks Papa lächelt ganz komisch, als er seinen Sohn am Bahnhof verabschiedet. Welche Gedanken gehen dem Papa wohl durch den Kopf?

- flüssig lesen: automatisiert, genau, zügig und sinngestaltend – **Erweiterung**
- die Perspektive von literarischen Figuren einnehmen

AH S. 53

Ferienhits

5 besondere Eissorten

1. Basilikum
2. Drachenfrucht
3. Gesalzenes Karamell
4. Gurke
5. Lakritze

5 Dinge, die ich in den Ferien am Weg gefunden habe

1. Puzzleteil
2. 10-Cent-Stück
3. Kronkorken
4. Schneckenhaus
5. Schraube

5 neue Sätze, die ich in Schweden gelernt habe

1. Varsågod. (Bitte.)
2. Tack. (Danke.)
3. God dag. (Guten Tag.)
4. Adjö. (Auf Wiedersehen.)
5. Var är ...? (Wo ist ...?)

Die 5 besten Ferienspiele

1. ...

Sammle deine Ferienhits. Gestalte daraus ein Leporello.
Du kannst zum Beispiel schreiben, zeichnen, Fotos oder Ferienfundstücke (z. B. Eintrittskarten) aufkleben.
Bringe dein Leporello am ersten Schultag mit in die 4. Klasse.

Fachbegriffe (Glossar): ▸

der Abschnitt: Ein Abschnitt ist ein Teil eines Textes. Längere Texte sind oft in mehrere Abschnitte unterteilt. Einen Abschnitt kannst du an den Lücken zwischen den Zeilen erkennen.

das Akrostichon: Bei einem Akrostichon wird ein Wort von oben nach unten notiert und anschließend zu jedem Buchstaben ein Wort oder ein kurzer Satz aufgeschrieben.

die Autorin / der Autor: Eine Autorin / Ein Autor schreibt Texte, z. B. für Bücher oder für Zeitungen.

der Comic: Comics sind gezeichnete Bildgeschichten. Die Texte sind meist kurz und stehen oft in Sprech- und Denkblasen. Comic ist die Abkürzung von Comicstrip, das bedeutet: komischer Streifen.

das Cover: Das Cover ist die Titelseite eines Buchs.

die Fabel: Eine Fabel ist eine kurze → Geschichte, in der Tiere wie Menschen handeln. Die Menschen können sich in einer Fabel wie in einem Spiegel wiedererkennen. Aus der Fabel sollen Lesende eine Lehre ziehen. Manchmal steht die Lehre am Ende der Fabel. Die ersten Fabeln hat Äsop geschrieben, der in Griechenland lebte.

die Fußnote: Eine Fußnote ist eine weiterführende Erklärung eines Wortes in einem Text. Diese Anmerkung steht meist unten auf einer Buchseite, damit man den Text fließend lesen kann.

das Gedicht: Gedichte sind kleine Kunstwerke aus Wörtern. Meist sind sie in kurzen Zeilen (→ Versen) geschrieben. Oft reimen sich Gedichte.

die Geschichte: Geschichten erzählen etwas, was wirklich geschehen ist oder was sich jemand ausgedacht hat. Sie können aufgeschrieben oder mündlich erzählt sein. Ein anderes Wort für Geschichte: Erzählung.

das Glossar: Das Glossar ist eine Liste von Wörtern mit Erklärungen.

die Illustratorin / der Illustrator: Eine Illustratorin / Ein Illustrator zeichnet Bilder für Bücher, z. B. für Märchenbücher oder Kinderbücher.

die Legende: Legenden sind → Geschichten aus dem Leben einer Heiligen oder eines Heiligen.
Diese Heiligen werden vorbildlich und gottesgefällig dargestellt, um die Leser oder Hörer zu belehren. Legenden wurden früher in katholischen Klöstern zum Namenstag der Heiligen vorgelesen. Wie die → Sage erzählt die Legende häufig von Menschen, die wirklich gelebt haben. Erzählelement der Legende ist das Wunder.

das Lexikon: Ein Lexikon ist ein Buch, das zu Wörtern aus vielen Bereichen kurze Erklärungen gibt. Damit man die Wörter gut auffinden kann, sind sie nach dem Alphabet geordnet.
Die Mehrzahl von Lexikon heißt Lexika.

das **Märchen**: Märchen sind besondere → Geschichten, die früher nur mündlich weitergegeben wurden. Viele Märchen beginnen mit „Es war einmal“.
Im Märchen ereignen sich wunderbare Dinge, die in der Wirklichkeit nicht passieren können. Es kommen merkwürdige Wesen vor: z. B. Hexen und Feen, Riesen und Zwerge oder sprechende Tiere. Am Ende siegt immer das Gute.

der **Reim**: Als Reim bezeichnet man gleich klingende Enden von zwei → Versen (Endreim).

das **Rezept**: Ein Rezept ist eine genaue Gebrauchsanleitung zur Zubereitung eines Gerichts.

das **Rondell**: Ein Rondell ist eine achtzeilige Gedichtform, bei der sich mehrere Zeilen (z. B. die Zeilen 2, 4 und 7) wiederholen.

der **Sachtext**: Sachtexte informieren über Dinge, Ereignisse oder Zusammenhänge, die es wirklich gibt oder gegeben hat. Zusätzlich zu Sachbüchern kann man sich über Sachverhalte auch im Internet informieren.

die **Sage**: Sagen sind besondere → Geschichten mit einem wahren Kern, die früher mündlich weitergegeben wurden. Die Sage erzählt von einem bestimmten Ort und bestimmten Personen. Sie berichtet über nicht alltägliche, häufig wunderbare Ereignisse. In einer Sage können Tiere sprechen, es gibt Menschen mit übernatürlichen Kräften und wie im → Märchen Hexen, Riesen, Zwerge und andere wunderbare Figuren. Die Sprache ist eher einfach und oft im Dialekt der Region, in der sie spielt.

das **Schaubild**: Ein Schaubild bezeichnet die bildliche Darstellung von Daten oder Informationen.

der **Steckbrief**: In einem Steckbrief werden knapp und listenartig die wichtigsten Daten einer Person oder eines Tieres genannt. Früher wurden Steckbriefe an öffentlichen Orten aufgehängt, um aus einem Gefängnis geflohene Personen wiederzufinden oder auch Verbrecher, die noch nicht geschnappt wurden.

die **Strophe**: → Gedichte und Lieder haben meist mehrere Strophen. Eine Strophe besteht aus Zeilen (→ Versen), die sich oft reimen.

die **Tabelle**: Eine Tabelle ist eine geordnete Darstellung von Texten. Die Inhalte werden in Zeilen und Spalten angeordnet.

der **Titel**: Ein Titel ist der Name eines Buches (Buchtitel). Auch Filme haben einen Titel.

der **Verlag**: Im Buchverlag werden Bücher entwickelt. Im Zeitschriftenverlag werden Zeitschriften entwickelt.

der **Vers**: Eine Reihe nebeneinanderstehender Wörter ist eine Zeile; man nennt sie in einem → Gedicht Vers. Oft wird der Vers durch einen → Reim beendet. Es gibt aber auch reimlose Verse.

Lösungen

16 1C, 2D, 3A, 4B

18/19 Beschwörungsformel: Höllenschlund, Katzenkrallen, entfallen; Knobelei: Maja; Schul-Abc: Arbeitsheft, Bleistift, Computer, Dosendiktat, erste Stunde, Filzstift, Gedicht, Hausaufgabenheft, interaktive Tafel, Jackenhaken

32/33 Es passen nicht: Sonnenbaum, Regenhaufen, Apfelstein, Blätterfenster; Baum gesucht: AHORN; Herbsträtsel: 1 Apfel, 2 Kastanie, 3 Regen; Laternenlied: wird, Haus, erschallen, Sterne

48/49 Witz 2 passt zum Bild; Knobelei: Tim; Zwei in einem Wort: drei Wörter in Zeile 2 und 5; Wen du brauchst: erfinden, Boden, Weinen, mag

62/63 Märchenpaare: 1c, 2f, 3g, 4a, 5b, 6e, 7d; Märchenorte: Königsschloss, Räuberhöhle, Hexenhaus, Windmühle; Gürtel: DAS TAPFERE SCHNEIDERLEIN; Rapunzel: sitzt/schwitzt, Sonne/Tonne, Turm/Wurm; Was gehört nicht dazu? Hänsel und Gretel: Apfel, Frau Holle: Stroh/Gold, Schneewittchen: Brot, Rumpelstilzchen: Brunnen

76/77 Weihnachtsmann: c; Weihnachtsbäckerei: Lebkuchen, Kinderpunsch, Nussecken, Schokoplätzchen; Dezemberkalender: Licht; Kerze: 6; Wunschzettel: Schokolade, Computerspiel, Schlittschuhe, Rätselblock, Armbanduhr, Hörbuch

94/95 Scherzfragen: Seekrankheit, Februar, das M, das Ohr, mit einem L; Lachen ist gesund: Lachen ist die beste Medizin; Welttag des Lachens: Welttag, Jahren, gemeinsam, verbunden

106/107 Sprichwörter: Morgenstund hat Gold im Mund, Spinnen am Morgen bringt Kummer und Sorgen

118/119 Blumen: Löwenzahn, Narzisse, Maiglöckchen, Tulpe; Vogelarten: Specht, Pirol, Amsel, Taube, Zilpzalp, weiterer Vogelname: SPATZ; Was gibt es nicht? Ostergans, Osterstiefel; Hasen-Hip-Hop: Handy

130/131 Kuckuckseier: Buche, Blatt, Busch; Was gehört zusammen? 1c, 2a, 3b; Wusstest du schon: Das ist hochinteressant; Müllrätsel: MÜLL; in die gelbe Tonne gehören nicht: Gläser, Zeitung, Brotrest

146/147 Kuckuckseier: Erdbeeren, Erdboden, Erdferkel; Vulkan: VESUV; Wörter-Wirbelsturm: Lavastrom, Wirbelsturm, Sandwüste, Vulkanausbruch, Regenbogen, Wellenberg

160/161 Kuckuckseier: Beine, Briefe, Beile; Unterschiede: Handschuh, Biene auf Wabe, Kastengriff, Imkerhut, Kannendeckel; Welches Tier bin ich? Stechmücke; Was gehört zusammen? 1c, 2a, 3e, 4f, 5b, 6d; Bienenwörter: Nektar, Wabe, Pollen, Imker, Larve, Königin, Honig, Stachel; Was ist das? Bienenwabe

172/173 Figuren: Emil und die Detektive jagen einen Dieb durch Berlin. Ronja Räubertochter wohnt auf einer Burg im Wald. Bibi Blocksberg hext mit dem Spruch: Hex, hex; Leseratten: liegen, liest, sagt, wollen, vergessen, verscheucht; Welttag des Buches: 23. April, weltweit, Thema, Bibliotheken; Buch gesucht: es ist das dritte Buch von links; Bilderrätsel: Buch, Autor, Titel; Zwillinge: Jim Knopf, Räuber Hotzenplotz, Pippi Langstrumpf, Lola Schwesterherz, Häwelmann; Drehwörter: Buchautorin, Buchfigur, Hörbuch, Lesetipp, Klappentext, Schriftgröße, Lesenacht, Romantitel, Filmrollen, Videospiel; kein Animationsfilm: Realfilm

186/187 Rätsel: Schatten; Welches Kind? Kind 4; Eissorten: Vanille/Schokolade/Himbeere, Erdbeere/Zitrone/Banane, Heidelbeere/Pfirsich/Vanille, Haselnuss/Kirsche/Pistazie; Schmetterling: unten rechts; Merkwürdige Wörter: Limonade, Himbeereis, Segelboot, Schwimmbad, Gebirge, Meeresstrand, Sommerreise, Ferienbeginn, Sonnenbrand, Reisegepäck; Städte: London, Venedig, Paris, Berlin, Prag, Dresden

Quellenverzeichnis

S. 18
Anger-Schmidt, Gerda: Beschwörungsformel (◇ verändert). Aus: Alles in Butter, liebe Mutter. Dachs-Verlag: Wien 1998

S. 55
Ausländer, Rose: Die Märchen. Aus: Hinter allen Worten. S. Fischer Verlag: Frankfurt am Main 2005

S. 158
Bohlmann, Sabine: Und plötzlich war Frau Honig da (◇ Auszug, gekürzt). Aus: Sabine Bohlmann (Text), Joelle Tourlonias (Ill.): Und plötzlich war Frau Honig da. Carlsen Verlag: Hamburg 2019

S. 110
Boie, Kirsten: Ohne Netz (◇ Auszug, gekürzt). Aus: Ein Sommer in Sommerby. Verlag Friedrich Oetinger: Hamburg 2018

S. 183
Boie, Kirsten: Wir reißen aus (◇ Auszug, gekürzt). Aus: Kirsten Boie (Text), Katrin Engelking (Ill.): Sommer im Möwenweg. Verlag Friedrich Oetinger GmbH: Hamburg 2002

S. 82
Borchers, Elisabeth: Schöner Schnee (gekürzte Fassung) entnommen dem Band „Das große Lalula und andere Gedichte und Geschichten von morgens und abends" © Heinrich Ellermann Verlag: München 1971

S. 188
Burger, Judith: Große Erwartungen (◇ Auszug). Aus: Judith Burger: Ringo, ich und ein komplett ahnungsloser Sommer. Gerstenberg Verlag: Hildesheim 2021

S. 125
Busta, Christine: Merkvers (◇ geändert). Aus: Wenn du das Wappen der Liebe malst. Gedichte. Otto Müller Verlag: Salzburg 1981

S. 67
Bydlinski, Georg: Märchen. Aus: Die bunte Brücke. Herder Verlag: Freiburg, Basel, Wien 1992

S. 121
Dieltiens, Kristien: Der Fink. Aus: Arche Kalender 2017. Übersetzung aus dem Niederländischen von Marianne Holberg. Arche Kalender Verlag: Hamburg 2017

S. 133
Dietl, Erhard: Willkommen in Schmuddelfing (◇ Auszug, gekürzt, Titel hinzugefügt). Verlag Friedrich Oettinger: Hamburg 2021

S. 91
Ehrhardt-Lakomy, Monika: Liebkoselied. Text: Ehrhardt-Lakomy, Monika; Copyright: Monika Ehrhardt-Lakomy, RN Reinhard Lakomy

S. 145
Ellermann, Heike: Der durstige Löwe (◇ Auszug, gekürzt). Lappan Verlag: Oldenburg 2008

S. 68
Ensikat, Peter: Ballade von Dornröschen. Text: Ensikat, Peter. Copyright: Ensikat, Peter

S. 50
Fogliano, Julie: Das Haus, das ein Zuhause war (◇ Auszug, gekürzt). Illustriert von Lane Smith, übersetzt von Uwe-Michael Gutzschhahn. © 2019, Fischer Kinder- und Jugendbuch Verlag GmbH, Frankfurt am Main

S. 47
Fontaine, Jean de la: Die beiden Ziegen (◇ gekürzt, verändert). Aus: Sämtliche Fabeln. Übersetzt von Ernst Dohm und Gustav Fabricius. Bibliographisches Institut: Mannheim 2003

S. 139
Fried, Erich: Kleine Frage (◇ Auszug). Aus: Lebensschatten. Verlag Klaus Wagenbach: Berlin 1981

S. 179
Frixe, Katja: Bücherprojektwoche Wunschbuchladen (◇ Auszug, gekürzt, Titel hinzugefügt). Aus: Der zauberhafte Wunschbuchladen 6. Eine Schule hält zusammen. Dressler Verlag GmbH: Hamburg 2020

S. 89
Fröhlich, Roswitha: Was gemütlich ist. Aus: Hans-Joachim Gelberg (Hg.): Menschengeschichten. Verlag Beltz & Gelberg: Weinheim, Basel 1975

S. 176
Funke, Cornelia: Der Bücherfresser (◇ Auszug, gekürzt). Loewe Verlag GmbH: Bindlach 2020

S. 115
Gabriel, Albert: Einzug des Frühlings. Aus: Schön Laub wachse am Jahresbaum. Weinheim/Basel: Beltz 1967

S. 184
Gerhardt, Paul: Sommergesang (◇ Auszug, Titel hinzugefügt). Aus: Evangelische Verlagsanstalt für die Evangelisch-Lutherische Landeskirche Sachsens (Hg.): Evangelisches Gesangsbuch. Evangelische Verlagsanstalt GmbH: Leipzig 2004

S. 44
Gmehling, Will: Gerettet und gewonnen (◇ Auszug, gekürzt, Titel hinzugefügt). Aus: Freibad. Ein ganzer Sommer unter dem Himmel. Peter Hammer Verlag GmbH: Wuppertal 2019

S. 148
Goethe, Johann Wolfgang von: Glückliche Fahrt. Aus: Werke. Herausgegeben im Auftrage der Großherzogin Sophie von Sachsen. – Weimarer Ausgabe. 1. Band. Hermann Böhlau: Weimar 1887

S. 101
Goethe, Johann Wolfgang von: Hat alles seine Zeit. Aus: Karl Richter (Hg.): Johann Wolfgang von Goethe – Sämtliche Werke, Band 1,1. Carl Hanser Verlag: München, Wien 1985

S. 193
Goscinny, René: Die Abfahrt ins Ferienlager (◇ Auszug). Aus: René Goscinny (Text), Jean-Jacques Sempé (Ill.): Der kleine Nick und die Ferien. Deutsch von Hans Georg Lenzen. Diogenes Verlag AG: Zürich 1976, 2006

S. 169
Gratias, Claire: Hör auf zu lesen (◇ Auszug, gekürzt)! Übersetzung aus dem Französischen von Dieter Schöneborn. Anaconda Verlag: München 2020, 2021

S. 66
Grimm, Jakob und Wilhelm: Der Froschkönig (◇ gekürzt und verändert). Aus: Kinder- und Hausmärchen. Hg. v. Heinz Rölleke. Reclam Verlag: Stuttgart 1980, 2010

S. 25
Grosche, Erwin: Neue Klingeltöne für die Schule (◇ gekürzt). Aus: Wenn mein Dackel Flügel hätte. Boje Verlag in der Bastei Lübbe GmbH & Co. KG: Köln 2010

S. 129
Guggenmos, Josef: Bruder Ahorn. Aus: Überall und neben dir. Gedichte für Kinder und Erwachsene. Hans-Joachim Gelberg (Hg.). Beltz & Gelberg in der Verlagsgruppe Beltz: Weinheim Basel 1986, 2010

S. 100
Guggenmos, Josef: Come sta? Sto bene. Aus: Groß ist die Welt. Beltz & Gelberg in der Verlagsgruppe Beltz: Weinheim, Basel 2006

S. 120
Guggenmos, Josef: Der Buntspecht. Aus: Kommt in die Felder, Wiesen und Wälder! © arsEdition GmbH: München 2020

S. 74
Guggenmos, Josef: Raureif. Aus: Ich will dir was verraten. Verlag Beltz & Gelberg: Weinheim, Basel 1992

S. 83
Guggenmos, Josef: Verschneite Welt. Aus: Was denkt die Maus am Donnerstag? Beltz & Gelberg in der Verlagsgruppe Beltz: Weinheim, Basel 1998

S. 157
Guggenmos, Josef: Wie viel ist ein Glas Honig wert? Aus: Was denkt die Maus am Donnerstag? dtv Junior: München 2001

S. 82
Güll, Friedrich: Winterrätsel. Aus: Kommt in die Felder, Wiesen und Wälder! arsEdition GmbH: München 2020

S. 187
Gutzschhahn, Uwe-Michael: Ferien. Aus: Uwe-Michael Gutzschhahn (Text), Erhard Dietl (Ill.): Unsinn lässt grüßen. Gedichte. Gerstenberg Verlag: Hildesheim 2012

S. 184
Gutzschhahn, Uwe-Michael: Sommernacht. Aus: Uwe-Michael Gutzschhahn (Text), Erhard Dietl (Ill.): Unsinn lässt grüßen. Gedichte. Gerstenberg Verlag: Hildesheim 2012

S. 109
Hängekorb, Kurt: Weil heute dein Geburtstag ist; Text: Hängekorb, Kurt; Copyright: Friedrich Hofmeister Musikverlag, Leipzig

S. 105
Hattendorf, Erna (Hg.): Die Wilden Fußballkerle: Deniz, die Lokomotive (◇ gekürzt). Ein Leseprojekt nach dem gleichnamigen Kinderbuch von Joachim Masannek. Cornelsen Verlag: Berlin 2008

S. 153
Hegarty, Patricia: Die Sonne geht auf (◇ Auszug). Aus: Patricia Hegarty (Text), Britta Teckentrup (Ill.): Bienen. Kleine Wunder der Natur. Aus dem Englischen von Maria Höck. arsEdition GmbH: München 2017

S. 120
Hein, Manfred Peter: Der Specht. Aus: Gelberg, Hans-Joachim (Hg.): Oder die Entdeckung der Welt. Beltz Verlag: Weinheim und Basel 1997

S. 113
Heine, Heinrich: Leise zieht durch mein Gemüt (◇ verändert). Aus: Bernd Kortländer (Hg.): Sämtliche Gedichte. Reclam Verlag: Stuttgart 2014

S. 148
Heine, Heinrich: Sturm. Aus: Sämtliche Werke, Band 1: Gedichte. Hg. von Christoph Siegrist. Insel Verlag: Frankfurt am Main 1968

S. 115
Hepke, Hans Joachim: Leise, ganz leise. Text: Hepke, Hans Joachim; Copyright: Hepke, Hans Joachim

S. 18
Herold, Gottfried: Kleiner Unsinn. Aus: Komm, wir wolln im Regen gehen. Der Kinderbuchverlag Berlin 2000 © 2000 Middelhauve Verlags GmbH, München: Berlin 2000

S. 86
Hofbauer, Friedl: Lied der Eiszapfen. Aus: Ilse Walter (Hg.): Das Jahreszeiten-Reimebuch. Verlag Herder: Wien 1992

S. 108
Holtz-Baumert, Gerhard: Kindergeburtstag mit Alfons Zitterbacke (◇ Titel hinzugefügt, Auszug, gekürzt). Aus: Alfons Zitterbacke. © Originalausgabe by leiv Leipziger Kinderbuchverlag GmbH. Lizenzausgabe mit freundlicher Genehmigung 2006 by Faber & Faber Verlag GmbH, Leipzig.

S. 135
Hoyte, Carol-Ann: Wasser kann. Aus: Kenn Nesbitt (Hg.): Jetzt noch ein Gedicht, und dann aus das Licht! Gedichte zur guten Nacht. Aus dem Englischen von Björn Kern. Carl Hanser Verlag: München 2019

S. 178
Hula, Saskia: Muffel kann fast alles (◇ Auszug, gekürzt). Aus: Der Lesemuffel. Düsseldorf: Sauerländer im Patmos Verlag 2007, 2008

S. 23
Jandl, Ernst: ottos mops. Aus: der beschriftete sessel – Gedichte. Reclam-Verlag: Leipzig 1991

S. 61
Janisch, Hans (Hg.): Die alte Axt. Litauisches Märchen (◇ gekürzt und verändert). Aus: Märchen für mutige Jungs. Boje Verlag: Köln 2010

S. 167
Janisch, Heinz: Lesen. Aus: Wo kann ich das Glück suchen? Verlag Jungbrunnen: Wien 2015

S. 35
Janisch, Heinz: Wenn der Wind müde wird. Aus: Ich schenk dir einen Ton aus meinem Saxophon. Verlag Jungbrunnen: Wien, München 1999

S. 71
Kaléko, Mascha: Der Winter. Aus: Die paar leuchtenden Jahre. © 2003 dtv Verlagsgesellschaft, München

S. 52
Kling, Marc-Uwe: Als der Opa den Wasserkocher auf den Herd gestellt hat (◇ Auszug, gekürzt). Aus: Marc-Uwe Kling (Text), Astrid Henn (Ill.): Der Tag, an dem der Opa den Wasserkocher auf den Herd gestellt hat. Carlsen Verlag GmbH: Hamburg 2020

S. 53
Kling, Marc-Uwe: Als die Oma das Internet kaputt gemacht hat (◇ Auszug, gekürzt). Aus: Marc-Uwe Kling (Text), Astrid Henn (Ill.): Der Tag, an dem die Oma das Internet kaputt gemacht hat. Carlsen Verlag GmbH: Hamburg 2018

S. 163
KNISTER (Jochmann, Ludger): Kommt ne Mücke geflogen. Text: Jochmann, Ludger; Copyright: Knister

S. 70
Kohl, Eva Maria; Ritter, Michael: Serviettenmärchen. Aus: Schreibszenarien. Wege zum kreativen Schreiben in der Grundschule. Seelze-Velber: Klett/Kallmeyer 2010

S. 97
Kordon, Klaus: Einfach alles. Aus: Uwe-Michael Gutzschhahn (Hg.): Ich möchte einfach alles sein. Carl Hanser Verlag: München, Wien 1998

S. 14
Kožik, Christa: Ein schlimmer Tag für Moritz (◇ Auszug, verändert, Titel hinzugefügt). Aus: Moritz in der Litfaßsäule. Der Kinderbuchverlag Berlin: Berlin 1981

S. 165
Krüss, James: Die Biene Liane (◇ gekürzt und verändert). Aus: James Krüss (Text), Eberhard Binder (Ill.): James' Tierleben. Boje Verlag: München 1986

S. 84
Krüss, James: Ein Jahr ist zu Ende (◇ verändert). Aus: Der wohltemperierte Leierkasten. C. Bertelsmann Verlag GmbH: München 1961, 1989

S. 123
Krüss, James: Frühlinter. Aus: Die bunte Kinderschaukel. Annette Betz Verlag: Wien 1978

S. 76
Kulick, Hartmut: Dezemberkalender (◇ Auszug). Aus: Reinhard Abeln, Astrid Leson: So bunt wie ein Basar. Verlag Butzon & Bercker: Kevelaer 1996

S. 192
Lagercrantz, Rose: Glückliche Reisetage (◇ Auszug, gekürzt). Aus: Rose Lagercrantz (Text), Eva Eriksson (Ill.): Mein glückliches Leben. Aus dem Schwedischen von Angelika Kutsch. Moritz Verlag: Frankfurt am Main 2011

S. 37
Lagerlöf, Selma: Fliegen müsste man können (◇ Auszug, gekürzt und verändert): Aus: Selma Lagerlöf, Ilse Bintig (Text), Oliver Regener (Ill.): Nils Holgerssons wunderbare Reise. Neu erzählt von Ilse Bintig. Arena Verlag GmbH: Würzburg 2002

S. 41
Lee, B.J.: Skateboard Girl. Aus: Kenn Nesbitt (Hrsg.): Jetzt noch ein Gedicht, und dann aus das Licht! Gedichte zur guten Nacht. Übersetzung von Sandra Hoffmann. Carl Hanser GmbH und Co. KG.: München 2019

S. 20
Leeuwen, Joke van: Als ich mal ein Referat halten musste (◇ Auszug, gekürzt). Aus: Joke van Leeuwen (Text u. Ill.): Als ich mal. Aus dem Niederländischen von Hanni Ehlers. Gerstenberg Verlag: Hildesheim 2021

S. 73
Lewis, C. S.: Winter in Narnia (◇ gekürzt, Titel hinzugefügt). Aus: Die Chroniken von Narnia. Bd. 2: Der König von Narnia. Übersetzung von Lisa Tetzner. Verlag Carl Ueberreuter: Wien 2005

S. 116
Lindgren, Astrid: Bullerbü im Frühling (◇ Auszug, Titel hinzugefügt). Aus: Die Kinder aus Bullerbü. Aus dem Schwedischen von Else von Hollander-Lossow und Karl Kurt Peters. Verlag Friedrich Oetinger: Hamburg 2007

S. 16
Lindgren, Astrid: Ronja Räubertochter (◇ Auszug, verändert). Aus: Astrid Lindgren (Text), Ilon Wikland (Ill.): Ronja Räubertochter. Deutsch von Anna-Liese Kornitzky. Verlag Friedrich Oetinger: Hamburg 1982

S. 24
Löwenberg, Ute: Schulwitze. Aus: Schul-Witze. arsEdition: München 2014

S. 43
Ludwig, Katja: Plötzlich Geschwister (◇ Auszug, Titel hinzugefügt). Aus: Katja Ludwig (Text), Heike Herold (Ill.): Ellie & Oleg – außer uns ist keiner hier. Klett Kinderbuch: Leipzig 2022

S. 69
Lunghard, Bernd: Kein Märchen. Aus: Spinnefaxereien. Regia-Verlag: Cottbus 2010

S. 170
Maar, Paul (Text u. Ill.): Eine Woche voller Samstage (◇ Auszug, gekürzt und verändert). Verlag Friedrich Oetinger: Hamburg: 1973

S. 16
Maar, Paul: Eine Woche voller Samstage (◇ Auszug). Aus: Paul Maar (Text u. Ill.): Das Sams 1. Eine Woche voller Samstage. Verlag Friedrich Oetinger GmbH: Hamburg 1973

S. 15
Maar, Paul: Noten, Noten ... Aus: Jaguar und Neinguar. Verlag Friedrich Oetinger GmbH: Hamburg 2007

S. 90
Mierswa, Annette: Ein tolles Gefühl (◇ Auszug, verändert). Aus: Annette Mierswa: Lola auf der Erbse. Tulipan Verlag: Berlin 2008

S. 172
Missfeldt, Jochen: Leseratten (◇ verändert). Aus: Michael Krüger (Hg.): Folge deinem Traum. Carl Hanser Verlag: München 2013

S. 67
Mohl, Nils: kurzmärchen. Aus: König der Kinder. Mixtvision Verlag: München 2020

S. 75
Morgenstern, Christian: Wenn es Winter wird. Aus: Kindergedichte. Annette Betz Verlag im Verlag Carl Ueberreuter: Wien, München 1988

S. 96
Moser, Erwin: So im Schatten liegen möcht ich. Aus: Wolf Harranth (Hg.): Im Pfirsich wohnt der Pfirsichkern. Verlag St. Gabriel: Mödling-Wien 1996, 1994

S. 78
Naumikat, Ilse: Guten Abend, schön Abend; Text: Naumilkat, Ilse; Copyright: Friedrich Hofmeister Musikverlag, Leipzig

S. 189
Nordqvist, Sven: Pettersson zeltet (◇ Auszug). Aus: Sven Nordqvist: Pettersson zeltet. Deutsch von Angelika Kutsch. Verlag Friedrich Oetinger: Hamburg 2010

S. 111
Penzek, Till: Als die Großen klein waren (◇ Auszug, gekürzt). G&G Verlagsgesellschaft mbH: Wien 2019

S. 162
Pillach, Alfons: Gruß des Seeigels. https://tiergedichte4.wordpress.com/2013/04/21/seeigel/ Entnommen am 27.09.2022

S. 155
Postert, Petra: Ein Bienenvolk für Josy (◇ Auszug, gekürzt). Aus: Petra Postert: Das Jahr, als die Bienen kamen. Tulipan Verlag GmbH: München 2018

S. 16
Preußler, Ottfried: Das kleine Gespenst (◇ Auszug, verändert). Aus: Ottfried Preußler, Mathias Weber (Text), F.J. Tripp (Ill.): Das kleine Gespenst. Thienemann Verlag GmbH: Stuttgart 1966

S. 87
Raubaum, Lena: Frühglück. Aus: Mit Worten will ich dich umarmen. Verlagsanstalt Tyrolia: Innsbruck 2021

S. 91
Raubaum, Lena: Sätze, die guttun können (◇ gekürzt). Aus: Lena Raubaum (Text), Katja Seifert (Ill.): Mit Worten will ich dich umarmen. Gedichte und Gedanken. Verlagsanstalt Tyrolia: Innsbruck 2021

S. 181
Raubaum, Lena: Wiesenschätze. Aus: Lena Raubaum (Text), Katja Seifert (Ill.): Mit Worten will ich dich umarmen. Gedichte und Gedanken. Verlagsanstalt Tyrolia: Innsbruck 2021

S. 36
Rautenberg, Arne: die vögel. Aus: fünfzehn kilo kolibri: Gedichte zum Abheben. Peter Hammer Verlag GmbH: Wuppertal 2021

S. 30
Rautenberg, Arne: ein blatt. Aus: der wind lässt tausend hütchen fliegen. Boje Verlag GmbH: Köln 2010

S. 97
Reding, Josef: Faulenzen. Aus: Gutentagtexte. Engelbert-Verlag: Balve/Sauerland 1975

S. 29
Reinick, Robert: September – Der Apfelbaum. Aus: Der Jahreslauf im Kinderleben. Aus: Märchen-, Lieder- und Geschichtenbuch: Gesammelte Dichtungen Reinicks für die Jugend. Veehagen & Klasing: Bielefeld und Leipzig 1920

S. 74
Riesenberg, Nicole: Silberschatz. Aus: Lesefreunde O/B 3. Cornelsen Verlag: Berlin 2016

S. 80
Robinson, Barbara: Hilfe, die Herdmanns kommen (◇ Auszug, gekürzt und verändert). Übersetzung von Nele und Paul Maar. Verlag Friedrich Oetinger: Hamburg 1974

S. 11
Rose, Barbara: Einladung in die Geisterschule (◇ Auszug, Titel hinzugefügt). Aus: Barbara Rose (Text), Barbara Fisinger (Ill.): Geisterschule Blauzahn – Lehrer mit Biss. dtv Verlagsgesellschaft mbH & Co. KG: München 2021

S. 79
Rosenstock, Roland: Die arme Familie (◇ Auszug). Aus: Frag doch mal ... die Maus. Fragen zu Gott, der Welt und den großen Religionen. cbj in der Verlagsgruppe Random House: München 2006

S. 129
Roth, Eugen: Der Baum. Aus: Überall und neben dir. Gedichte für Kinder und Erwachsene. Hans-Joachim Gelberg (Hg.). Beltz & Gelberg in der Verlagsgruppe Beltz: Weinheim Basel 1986, 2010

S. 16
Rowling, Joanne K.: Harry Potter und der Stein der Weisen (◇ Auszug). Aus: Joanne K. Rowling (Text), Sabine Wilharm (Ill.): Harry Potter und der Stein der Weisen. Aus dem Englischen von Klaus Fritz. Carlsen Verlag GmbH: Hamburg 1998

S. 92
Rutter, Helen: 999 Witze für Kinder (◇ Auszug). Aus: Ich heiße Billy Plimpton. Übersetzt aus dem Englischen von Henning Ahrens. Atrium Verlag AG: Zürich 2021

S. 34
Scheffler, Ursel: Besuch vom Oktoberwind. Aus: Herbstlaub und Laternenlicht: Geschichten, Gedichte und Lieder zum Herbst. Annette Betz in der Ueberrreuter Verlag GmbH: Berlin 2020

S. 121
Schlüter, Manfred: Das Ständchen. Aus: Guruku Gugukuru. Gedichte für Kinder und andere Menschen. Verlag Bibliothek der Provinz: Wien 2020

S. 96
Schlüter, Manfred: Manchmal. Aus: Guruku Gugukuru. Gedichte für Kinder und andere Menschen. Verlag Bibliothek der Provinz: Wien 2020

S. 23
Schlüter, Manfred: Sitz! Aus: Guruku Gugukuru. Gedichte für Kinder und andere Menschen. Verlag Bibliothek der Provinz: Wien 2020

S. 46
Schneider, Antonie: Der Löwe und die Maus. Aus: Kamel bleibt Kamel. Äsops Bilderbogen. Residenz Verlag: St. Pölten, Salzburg 2009

S. 30
Schubiger, Jürg: Postkarte. Aus: Der Wind hat Geburtstag. Peter Hammer Verlag GmbH: Wuppertal 2010

S. 12
Schubiger, Jürg: Zwei Stifte (◇ verändert). Aus: Jürg Schubiger, Franz Hohler (Text), Jutta Bauer (Ill.): Aller Anfang. Beltz & Gelberg in der Verlagsgruppe Beltz: Weinheim, Basel 2006

S. 94
Schwarz, Regina: Klettergerüst. Aus: Zungenbrecher, Sprachsalat, Mitmachreime, Quatschspinat. Ravensburger Buchverlag Otto Maier GmbH: Ravensburg 2013

S. 49
Schwarz, Regina: Wen du brauchst (◇ verändert). Aus: Hans-Joachim Gelberg (Hrsg.): Überall und neben dir. Verlag Beltz & Gelberg: Weinheim, Basel 1986, 1989

S. 33
Seidel, Heinrich: Laternenlied (◇ gekürzt). Aus: Kommt in die Felder, Wiesen und Wälder! arsEdition GmbH: München 2020

S. 137
Sigg, Stephan: Von dieser Welt träumen wir. **Aus:** Kein Plastik für den Wal: Lena kauft unverpackt (◇ Auszug, gekürzt, Titel hinzugefügt). Verlag Katholisches Bibelwerk: Stuttgart 2019

S. 46
Steinhöwel, Heinreich: Die durstige Krähe (◇ verändert). Aus: Uralte Weisheit. Fabeln aus aller Welt. Deutscher Sparkassenverlag GmbH: Stuttgart 1955

S. 134
Steinlein, Christina; Scheier, Mieke: Ohne Wasser geht nichts! Alles über den wichtigsten Stoff der Welt (◇ verändert, gekürzt und Titel hinzugefügt). Beltz & Gelberg in der Verlagsgruppe Beltz: Weinheim, Basel 2020

S. 54
Stemm, Antje von: Die verschickbare Umarmung (◇ Auszug, gekürzt). Aus: Antje von Stemm: Ab die Post. Wie du Briefe schreibst, Überraschungspakete schnürst und Badelatschen verschickst. Gerstenberg Verlag: Hildesheim 2017

S. 151
Stosch, Stefan: Interview mit dem Astronsuten Alexander Gerst. Aus: Astronaut Alexander Gerst: „Das All darf nicht zum Wilden Westen werden" (03.07.2021). https://www.rnd.de/panorama/alexander-gerst-der-astronaut-im-interview-ueber-seine-erlebnisse-an-der-weltraumstation-iss-ALMKMPIDZ5HIXPPM4R6Q7UKDSU.html (Zugriff am 17.10.2022)

S. 31
Strittmatter, Erwin: Der Tausch. Aus: Erwin Schulzenhofer: Schulzenhofer Kramkalender. Aufbau Taschenbuch Verlag GmbH: Berlin 2004

S. 27
Tawara, Machi: Wie Abschied nehmend. Aus: Arche Kinder Kalender 2015. Deutsch von Fumiko Ganzenmüller. Arche Kalender Verlag GmbH: Zürich, Hamburg 2014

S. 119
Vahle, Fredrik: Hasen-Hip-Hop. Aus: Ich und du und der Drache Fu. Beltz & Gelberg in der Verlagsgruppe Beltz: Weinheim, Basel 2012

S. 64
Waechter, Friedrich Karl: Der rote Gaul (◇ gekürzt). Aus: Opa Hucke's Mitmach-Kabinett. Verlag Beltz & Gelberg: Weinheim/Basel 1981

S. 191
Waechter, Philip: Toni will ans Meer (◇ Auszug). Aus: Philip Waechter (Text u. Ill.): Toni will ans Meer. Beltz & Gelberg in der Verlagsgruppe Beltz: Weinheim, Basel 2020

S. 13
Welsh, Renate: Die Brücke. Aus: Gerri Zotter: Das Sprachbastelbuch. 1. Neuauflage. G&G Buchvertriebsgesellschaft mbH: Wien 2005

S. 13
Welsh, Renate: Die Wand. Aus: Gerri Zotter: Das Sprachbastelbuch. 1. Neuauflage. G&G Buchvertriebsgesellschaft mbH: Wien 2005

S. 148
Wildner, Martina: Riesenwellen (◇ Auszug). Aus: Wieland Freund, Heinz Janisch, Paul Maar, Antoine Schneider und Martina Wildner (Texte), Isabel Pin (Ill.): Mein Sommer-Buch. Bloomsbury Verlag GmbH: Berlin 2011

S. 122
Wißkirchen, Christa: Das Wolkenbuch. Aus: Spielen und Lernen, Heft 4/1991

S. 78
Wittkamp, Frantz: Alle singen „Stille Nacht". Aus: alphabetbuch. Immerwährendes Kalendermerkbuch mit Tagesversen von Frantz Wittkamp. Alphabeet Verlag: Berlin 2016

S. 54
Wittkamp, Frantz: Alle Tage. Aus: Papageien zu verleihen. Alphabeet Verlag: Lüdinghausen 2016

S. 34
Wittkamp, Frantz: Im Herbstwind. Aus: Papageien zu verleihen. Alphabeet Verlag: Lüdinghausen 2016

S. 164
Biene und Taube. (Volksgut)

S. 134
Das Wassertröpflein. Aus: Heinrich Dittmar. Der Kinder Lustgarten. 1827 (Volksgut)

S. 57
Die drei Wünsche. Elsässisches Märchen (◇ gekürzt und verändert). Aus: Jahrbuch für Geschichte, Sprache und Literatur Elsass-Lothringen, Straßburg, Jg. I/1885-34/1918 (Volksgut)

S. 33
Ein Häuschen. Aus: Herbstlaub und Laternenlicht: Geschichten, Gedichte und Lieder zum Herbst. Annette Betz in der Ueberrreuter Verlag GmbH: Berlin (Volksgut)

S. 33
Es trippelt ums Haus (◇ gekürzt). Aus: Kommt in die Felder, Wiesen und Wälder! arsEdition GmbH: München 2020 (Volksgut)

S. 33
Groß wie ein Haus (◇ geändert). Aus: Maria Höck (Textauswahl): Kommt in die Felder, Wiesen und Wälder! arsEdition GmbH: München 2020 (Volksgut)

S. 26
Liest du viel (Volksmund)

S. 106
Uralte Rätsel (◇ gekürzt, verändert). Aus: Scheine Sonne scheine. Kinderverse und Gedichte aus dem Wunderland der Sprache. Verlag Freies Geistesleben: Stuttgart: 2007 (Volksgut)

S. 103
Wie Dabel zu seinem Namen kam (◇ verändert). Sage aus Mecklenburg-Vorpommern. Festschrift 750 Jahre Dabel, 1262-2012 (Volksgut)

S. 103
Wie Riesa zu seinem Namen kam. Sage aus Sachsen in Anlehnung an Siegfried Berger. Der Sagenschatz aus Riesa. Riesa 1992 (Volksgut)

Originalbeiträge

Gutzmann, Marion: S. 8 (o.), S. 28, S. 32/33, S. 36, S. 38–40, S. 58–59, S. 88, S. 94–95, S. 98–99, S. 104, S. 114, S. 118–121, S. 124, S. 129, S. 142, S. 168, S. 171–175, S. 180, S. 185

Hoppe, Irene: S. 10, S. 35, S. 42, S. 48–49, S. 51, S. 56, S. 58–59, S. 62–63, S. 67, S. 126–127, S. 130–132, S. 134–136, S. 138, S. 154, S. 156–157, S. 160–163, S. 166

Ritter, Alexandra: S. 7, S. 8 (u.), S. 9, S. 19, S. 22, S. 73, S. 76–78, S. 82–83, S. 85, S. 107, S. 109, S. 112, S. 140–141, S. 143–144, S. 146–147, S. 149–150, S. 152, S. 182, S. 186–190, S. 194

Fotos und Bilder

Cover: Cornelsen/Christa Unzner/Uta Bettzieche (Detektiv u. Hund); **S. 7** (Buchcover von o.li. nach u.re.): A. Lindgren, I. Wikland (Ill.): Ronja Räubertochter. © 1982 Verlag Friedrich Oetinger: Hamburg; P. Maar, N. Dulleck (Ill.): Das Sams 1. Eine Woche voller Samstage. © 1973 Verlag Friedrich Oetinger, Hamburg; Lauren Wolk, Echo Mountain. Aus dem Englischen von Birgitt Kollmann. © 2022 Carl Hanser Verlag GmbH & Co. KG, München; O. Preußler, F.J. Tripp (Ill.): Das kleine Gespenst. © 2013 Thienemann in der Thienemann-Esslinger; Adam Baron, Freischwimmen. Mit Illustrationen von Benji Davies, aus dem Englischen von Birgitt Kollmann. © 2020 Carl Hanser Verlag GmbH & Co. KG, München; **S. 8** o.re.: stock.adobe.com/VV Voennyy/vvoe; Mitte li.: stock.adobe.com/supachai; o. Mitte: Shutterstock.com/Potapov Alexander; Mitte re.: Shutterstock.com/LuckyPhoto; u.li.: stock.adobe.com/Taigi; u. Mitte: stock.adobe.com/EVGENIYA MOROZ www.evimagery.com/Evgeniya Moroz; u.: stock.adobe.com/VV Voennyy/vvoe; **S. 9**: o.re.: stock.adobe.com/Friedberg; li.: Shutterstock.com/haveseen; Mitte: Shutterstock.com/andregric; u.re.: stock.adobe.com/hfox; **S. 11**: li. stock.adobe.com/vlntn (Papier); re.: Shutterstock.com/vector_IT (Handy); **S. 16 A:** A. Lindgren, I. Wikland (Ill.): Ronja Räubertochter. © 1982 Verlag Friedrich Oetinger: Hamburg; **B:** P. Maar, N. Dulleck (Ill.): Das Sams 1. Eine Woche voller Samstage. © 1973 Verlag Friedrich Oetinger, Hamburg; **C:** O. Preußler, F.J. Tripp (Ill.): Das kleine Gespenst. © 2013 Thienemann in der Thienemann-Esslinger; **D:** Rowling, Joanne K.: Harry Potter und der Stein der Weisen. © 1998 Carlsen Verlag GmbH: Hamburg; **S. 17**: https://bildungsserver.berlin-brandenburg.de/lesen-guckloch; Cornelsen/Marek Lange, Bastelarbeit: Benjamin Ritter; **S. 19** u.re.: stock.adobe.com/sorayut; **S. 20-21** Abbildungen aus: Als ich mal. Von Joke van Leeuwen, übersetzt von Hanni Ehlers. © 2021 Gerstenberg Verlag, Hildesheim; **S. 22**: stock.adobe.com/Justyna; **S. 23** li: Shutterstock.com/Azukari Photography; re.: Shutterstock.com/prapann (Rahmen), Shutterstock.com/bluebright (Pfotenabdruck); **S. 26** li.: Alexandra Ritter, Buch: Lauren Wolk, Echo Mountain. Aus dem Englischen von Birgitt Kollmann. © 2022 Carl Hanser Verlag GmbH & Co. KG, München; re.: Cornelsen/Inhouse, Buch: Adam Baron, Freischwimmen. Mit Illustrationen von Benji Davies, aus dem Englischen von Birgitt Kollmann. © 2020 Carl Hanser Verlag GmbH & Co. KG, München; **S. 28**: stock.adobe.com/Dmytro (Foto); **S. 29** o.: mauritius images/nature picture library; **S. 31** o.li.: Cornelsen/Marek Lange, Bastelarbeit: Alexandra Ritter; M.re.: Cornelsen/Marek Lange, Bastelarbeit Benjamin Ritter; o.re.: Cornelsen/Inhouse; u.li.: stock.adobe.com/Dmytro; **S. 32** o.re.: stock.adobe.com/Foto: Ingo Bartussek/Ingo Bartussek; u.li.: stock.adobe.com/veressalbert; **S. 33** o. von li. nach re.: Shutterstock.com/Mathias Rosenthal, Shutterstock.com/Roman Samokhin, mauritius images/alamy stock photo/All Canada Photos, Shutterstock.com/Lubustock, Shutterstock.com/Silver Wolf; u.li.: stock.adobe.com/H. S. Photography; u.re.: stock.adobe.com/Fotofreundin; **S. 39**: Shutterstock.com/Yellowj; **S. 40** o.li. und u.li.: Cornelsen/Marek Lange; o.re. Shutterstock.com/rzarek; u.re.: Shutterstock.com/Picsfive; **S. 42** o.li.: Shutterstock.com/Jussi Suvela; o.re.: Shutterstock.com/Giorgio Morara; **S. 45**: Gmehling, Will: Freibad (Umschlaggestaltung Birgit Schössow). © 2019 Peter Hammer Verlag, Wuppertal; **S. 48** (von li. nach re.): Shutterstock.com/kak2s, Shutterstock.com/Lifestyle Travel Photo, Shutterstock.com/macknimal, Shutterstock.com/Jarp2, Shutterstock.com/P Maxwell Photography; **S. 49** o.re.: Shutterstock.com/PictuLandra; u.: Shutterstock.com/Gearstd (Würfel); **S. 50**: Julie Fogliano: Das Haus, das ein Zuhause war, illustriert von Lane Smith, übersetzt von Uwe-Michael Gutzschhahn. © 2019, Fischer Kinder- und Jugendbuch Verlag GmbH, Frankfurt am Main; **S. 51**: Cornelsen, Shutterstock.com/Utah (Tablet), stock.adobe.com/siwasan (Elefant), Shutterstock.com/pikepicture (Aufsteller); **S. 52**: Kling, Marc-Uwe: Der Tag, an dem der Opa den Wasserkocher auf den Herd gestellt hat. © 2020 Carlsen Verlag GmbH Hamburg; **S. 53**: Kling, Marc-Uwe: Der Tag, an dem die Oma das Internet kaputt gemacht hat. © 2018 Carlsen Verlag GmbH Hamburg; **S. 54** o.re.: Shutterstock.com/Garsya; li.: Abbildung aus: Ab die Post! Wie du Briefe schreibst, Überraschungspakete schnürst und Badelatschen verschickst. Von Antje von Stemm © 2017 Gerstenberg Verlag, Hildesheim; **S. 62** o.: Shutterstock.com/Sun Art; li.: Shutterstock.com/AlyonaZhitnaya; re.: Shutterstock.com/notkoo; u.: Shutterstock.com/notkoo; Shutterstock.com/notkoo (Gürtel); **S. 63** o.: Shutterstock.com/welburnstuart (Turm); von li. nach re. Hänsel und Gretel: Shutterstock.com/MaraZe; Shutterstock.com/Natali Zakharova; Shutterstock.com/Bjoern Wylezich; Shutterstock.com/Dionisvera; Frau Holle: stock.adobe.com/Alexey Kljatov; Shutterstock.com/MaraZe; Shutterstock.com/Scrudje; Shutterstock.com/xpixel; Shutterstock.com/somdul; Schneewittchen: Shutterstock.com/italianestro; Shutterstock.com/MaraZe; Shutterstock.com/Dionisvera; Shutterstock.com/THERDSAK SUPAWONG; Rumpelstilzchen: Shutterstock.com/Natalia Leinonen, Shutterstock.com/somdul, Shutterstock.com/Scrudje, Shutterstock.com/xpixel, Shutterstock.com/Nadia Cruzova; **S. 65**: Cornelsen/Marek Lange; **S. 67** o: akg-images/De Agostini Picture Lib.; **S. 70** ob: Cornelsen/Marek Lange; u.li.: Cornelsen/Marek Lange (Foto), Benjamin Ritter (Text) **S. 73** u.: Shutterstock.com/YK; **S. 74**: stock.adobe.com/Ann Stryzhekin; **S. 76** stock.adobe.com/A_Lein (Herz); Mitte o.re.: stock.adobe.com/Frofoto (Nussecke); stock.adobe.com/Dragne Marius www.mariusdragne.ro/cypher0x (Tasse); Mitte u.re.: Shutterstock.com/New Africa (Lebkuchen); Shutterstock.com/Artulina (Sternengirlande); u: Cornelsen,Shutterstock.com/KindheartedStock (Kalender), stock.adobe.com/Martina Chmielewski (Weihnachtsstern); **S. 77** u.li.: Shutterstock.com/Peter Vanco; u.re.: Shutterstock.com/doshi_do; **S. 78**: Shutterstock.com/Artulina (Girlande); u. re.: epd-bild/Stephan Wallocha; **S. 79**: akg-images/Electa; **S. 82** von o. nach u.: 1.-2., 6.-9. Bild: stock.adobe.com/kichigin19; 3.-5. Bild: stock.adobe.com/Alexey Kljatov; **S. 83** o.li.: stock.adobe.com/kichigin19; o.re.: Shutterstock.com/Lubos Chlubny, u.li.: Shutterstock.com/Smit; u.re.: stock.adobe.com/Alexey Kljatov; **S. 88** und **S. 97**: Shutterstock.com/Kindlena (Haftmarker); **S. 90** alle: Lola auf der Erbse (Regie: Thomas Heinemann, Darsteller: Christiane Paul, Tobias Oertel, Tabea Hanstein. 2015 farbfilm verleih GmbH) © Sabine Finger; **S. 91**: mauritius images/alamy stock photo/SeventyFour Images; **S. 93**: Rutter, Helen: Ich heiße Billy Plimpton, Coverillustration Regina Kehn. © Hörcompany; **S. 94** o.: Shutterstock.com/Dmitry Naumov; Mitte: stock.adobe.com/Iakov Filimonov/JackF; u.: Shutterstock.com/Monkey Business Images; **S. 95** o. li.: Shutterstock.com/Pixel-Shot; o. Mitte: Shutterstock.com/My Life Graphic; o. re.: Shutterstock.com/Everyonephoto Studio; Mitte: Illustration © Antje Damm aus: Hans-Joachim Gelberg (Hrsg.): Glücksvogel. Weinheim, Basel: Verlag Beltz & Gelberg 2013, S. 98; **S. 98** o.re.: stock.adobe.com/UTS; Mitte li.: stock.adobe.com/Aleksej; Mitte re.: Shutterstock.com/Shestakoff; u.li.: stock.adobe.com/Nicholas B; **S. 99**: mauritius images/alamy stock photo/blickwinkel; **S. 104** o.li.: mauritius images/alamy stock photo/ART Collection; Mitte re.: stock.adobe.com/Copyright (c) Mary Evans Picture Library 2017/Archivist; u.li.: mauritius images/alamy stock photo/SOPA Images Limited; **S. 105**: dpa Picture-Alliance/United Archives/kpa Publicity, aus dem Film „Die wilden Kerle 2" © SamFilm GmbH; **S. 106** 1. Reihe li.: Shutterstock.com/Vasylchenko, re.: Shutterstock.com/Melerina; 2. Reihe li.: Shutterstock.com/Ronald Sumners, re.: Shutterstock.com/Bankrx; 3. Reihe li.: stock.adobe.com/VV Voennyy/vvoe, re.: Shutterstock.com/Brockley98; u.: Cornelsen/Reemers; **S. 107** o.re.: Shutterstock.com/olly_ta; li. von o. nach u.: mauritius images/alamy stock photo/Gunter Kirsch; Shutterstock.com/W. Scott McGill; stock.adobe.com/Sergey Kohl; Shutterstock.com/Warongdech; **S. 109**: Shutterstock.com/iofoto; **S. 111**: Shutterstock.com/Maren Winter; **S. 112** o.li.: Shutterstock.com/John-Fs-Pic; o.re.: mauritius images/alamy stock photo/Björn Wylezich; u.li.: akg-images/C. Schlegelmilch; o. Mitte, u. (Aufsteller): Shutterstock.com/pikepicture; **S. 115** o.re.: Shutterstock.com/ju_see; u.li.: Shutterstock.com/Ian Duffield; **S. 117**: Astrid Lindgren (Text)/Katrin Engelking (Ilus.) Immer lustig in Bullerbü. © 2016 Verlag Friedrich Oetinger, Hamburg; **S. 118** Mitte von li. nach re.: stock.adobe.com/hcast; Shutterstock.com/unpict; Shutterstock.com/Kisialiou Yury; stock.adobe.com/domnitsky; u.li.: Shutterstock.com/Rob Christiaans; **S. 119** o.li.: stock.adobe.com/Dagmar Breu; o.re.: Shutterstock.com/Valentina Proskurina; u.re.: stock.adobe.com/svetamart; **S. 124** alle: Cornelsen/Marek Lange; **S. 126** u.re. und **S. 132**: Shutterstock.com/ruangrit junkong; **S. 127** o.re.: mauritius images/alamy stock photo/Lamax; Mitte: Shutterstock.com/Slawomir Zelasko; u.: Shutterstock.com/Almaran; **S. 128**: Birgitte Krogsbøll (Text), Kamilla Wichmann (Ill.): Den fnuggede himmel-pop-trompet. © 2018 by Gyldendal; **S. 130** o.re.: Shutterstock.com/Art_Pictures; Mitte li.: Panther Media GmbH/Jakub Mrocek; Mitte re.: mauritius images/alamy stock photo/BT/EU; u.re.: Shutterstock.com/ARTHA DESIGN STUDIO; **S. 131** o.li.: stock.adobe.com/fotoart111; Mitte li.: Shutterstock.com/New Africa; u.li.: Panther Media GmbH/Z Jan; u. Mitte: Shutterstock.com/Ekaterina43; u.re.: Shutterstock.com/MVelishchuk (Tonne), mauritius images/alamy stock photo/ronstik (Zeitungen); **S. 133** Die Olchis - Willkommen in Schmuddelfing. © 2021 WunderWerk/Verlag Friedrich Oetinger/Leonine; **S. 134** o.re.: NASA/NOAA/DSCOVR; **S. 138** o.re., Mitte li. und u.: Cornelsen/Marek Lange; Mitte re.: Shutterstock.com/Little Hand Creations; **S. 140** M.re.: Shutterstock.com/Wead; u.re.: mauritius images/alamy stock photo/Anton Lavrentev; **S. 141** (Vulkane): o.li.: Shutterstock.com/Wead; o.re.: mauritius images/Creativ Studio Heinemann; u.li.: mauritius images/alamy stock photo/Anton Lavrentev; u.re.: Shutterstock.com/Budkov Denis; S. 143 oben: Cornelsen,Shutterstock.com/Oleksii Arseniuk (Videoleiste),Shutterstock.com/LukaKikina (Vulkan), Mitte: Cornelsen,Shutterstock.com/Oleksii Arseniuk (Videoleiste),Shutterstock.com/Rainer Albiez (Vulkan); u: Cornelsen,Shutterstock.com/Oleksii Arseniuk (Videoleiste),Shutterstock.com/www.sandatlas.org (Lava); **S. 144** o.li.: Shutterstock.com/Ilyshev Dmitry; o.re.: stock.adobe.com/Nico Smit/EcoView; u.li.: Shutterstock.com/leospek; u.re.: Shutterstock.com/eAlisa; **S. 146** o.re.: Shutterstock.com/eAlisa; li (Wassertropfen): Shutterstock.com/ifong; **S. 147** o., 1. und 3. Bild: Kinderbastelarbeit @ Cornelsen, Fotos: Mirjam Löwen, 2. Bild: Mirjam Löwen, Berlin; u. von o. nach u. und re. nach li.: Shutterstock.com/KamilloK; Shutterstock.com/Minerva Studio; stock.adobe.com/Olha Rohulya; Shutterstock.com/Kelly Headrick; Shutterstock.com/Budkov Denis; Shutterstock.com/Wead; S. 148 o.: Shutterstock.com/Jorge Puente Palacios; u.: Shutterstock.com/Kelly Headrick; **S. 149**: akg-images/Heritage Images/Fine Art Images; **S. 150** o.: NASA/JPL; u.: stock.adobe.com/Maxim_Kazmin; **S. 151**: Imago Stock & People GmbH/Rainer Unkel; **S. 152** o.li. und re.: Shutterstock.com/WitthayaP; u.li.: Shutterstock.com/Carolyn Franks; u.re.: Cornelsen,Shutterstock.com/Helly Hansen (Tablet),Shutterstock.com/worldclassphoto (Landschaft); **S. 154** u.li.: Shutterstock.com/Nastiya Maki; **S. 156** o.re.: Shutterstock.com/jocic; u.li., Mitte und re.: Shutterstock.com/Kuttelvaserova Stuchelova; **S. 158-159**: Sabine Bohlmann: Und plötzlich war Frau Honig da. Illustriert von Joëlle Tourlonias. © Planet! in der Thienemann-Esslinger Verlag GmbH, Stuttgart 2017; **S. 160** u.: Shutterstock.com/kosolovskyy; **S. 161** o. 1. Reihe von li. nach re.: Shutterstock.com/alslutsky, Shutterstock.com/Daniel Prudek, Shutterstock.com/Smit; 2. Reihe: Shutterstock.com/Potapov Alexander, Shutterstock.com/Andrey Pavlov, Shutterstock.com/Aleksandr Kurganov; u.: Cornelsen,Shutterstock.com/OLEG525 (Wabe),Shutterstock.com/ILYA AKINSHIN (Lupe); **S. 162** o.: Shutterstock.com/Macronatura.es; Mitte: mauritius images/alamy stock photo/Perry van Munster; u.: Shutterstock.com/Lefteris Papaulakis; **S. 163** o.: Shutterstock.com/Anest; u.: Shutterstock.com/FtLaud; **S. 166** Blüte: Shutterstock.com/Nadiinko; o. und u.: Cornelsen/Marek Lange, Bastelarbeit: Amira-Jamal Gutzmann; **S. 170**: Paul Maar: Eine Woche voller Samstage. © 1973 Friedrich Oetinger Verlag, Hamburg; **S. 171** o.: Imago Stock & People GmbH/Mary Evans/MaryxEvansxAFxArchivexCollinaxFilm; u.: Paul Maar: Das Sams. Die große Hörspielbox © 2017 Friedrich Oetinger Verlag, Hamburg; **S. 172** li. von o. nach u.: Shutterstock.com/IB Photography, Shutterstock.com/Marti Bug Catcher, stock.adobe.com/serikbaib; o.re. und Mitte li.: Shutterstock.com/LanKS; u.: Shutterstock.com/robuart; **S. 173** o. von li. nach re.: Shutterstock.com/Petr Student, Shutterstock.com/Tatiana Popova, Shutterstock.com/Santi S, Shutterstock.com/Eric Isselee; u.li.: stock.adobe.com/razihusin; **S. 174** u.re.: Magdalena Ritter; **S. 175** o.: mauritius images/alamy stock photo/Kirill Cherezov; (c) 2021 Universal Music GmbH / (c) Carlsen Verlag; Illustration: Nina Dulleck (Cover) **S. 176-177**: Funke, Cornelia/Illustriert von Swoboda, Annette: Der Bücherfresser. © 2020 Loewe Verlag GmbH, Bindlach; **S. 178** Mitte: Shutterstock.com/32 pixels; **S. 183**: Kirsten Boie (Text), Katrin Engelking (Ill.): Wir Kinder aus dem Möwenweg 2. © 2002 Friedrich Oetinger Verlag, Hamburg; **S. 185** von o. nach u.: mauritius images/Norbert Pelka, stock.adobe.com/Flo-Bo, stock.adobe.com/Carola Vahldiek, ClipDealer GmbH/Peter Eggermann; **S. 186** o.li. (Wassertropfen) 1. Reihe li.: Shutterstock.com/CK Foto, 2. Reihe re.: Shutterstock.com/Mariyana M, alle anderen: Shutterstock.com/ifong; o.re.: Shutterstock.com/YanLev; Mitte re.: Shutterstock.com/DVarela; Mitte li.: Shutterstock.com/Marco Ceron; **S. 187** o.: Cornelsen,Shutterstock.com/Chones (Eiswaffel),Shutterstock.com/gresei (Eiskugel 1. Waffel u.l., 3. Waffel o., 4. Waffel u.r.), Shutterstock.com/baibaz (restl. Eiskugeln); Mitte (Schmetterlinge): Shutterstock.com/Tartila; u.re.: Shutterstock.com/Wannakorn Yutthaard; **S. 188** u: © Komoot GmbH, Potdam; **S. 189** von li. nach re., 1. Zeile: Shutterstock.com/pogonici, stock.adobe.com/gradt, Shutterstock.com/Food Travel Stockforlife, Shutterstock.com/EA230311, Shutterstock.com/gcpics, Shutterstock.com/Nuttapong, Shutterstock.com/RACOBOVT, Shutterstock.com/Africa Studio; 2. Zeile: Shutterstock.com/Jack Jelly, Shutterstock.com/Art14, Shutterstock.com/eightstock, Shutterstock.com/Dancestrokes, Shutterstock.com/Suradech Prapairat (Thermos), Shutterstock.com/nito, stock.adobe.com/krasyuk; 3. Zeile: Shutterstock.com/objectsforall, Shutterstock.com/Liubov Pakhtusova, Shutterstock.com/Pix Factory, Shutterstock.com/Dumitrusphotography, Shutterstock.com/Vadym Zaitsev; 4. Zeile: Shutterstock.com/Danicek (Schlafsack), Shutterstock.com/JIANG HONGYAN (Zelt), Shutterstock/forest badger, Shutterstock.com/Serhii Tsyhanok, Shutterstock.com/Victor Josan; **S. 191** Aus: Philip Waechter (Text u. Ill.): Toni will ans Meer. © 2020 Beltz & Gelberg in der Verlagsgruppe Beltz: Weinheim, Basel; **S. 192:** Ill. von Eva Eriksson, aus: Rose Lagercrantz, Mein glückliches Leben. Aus dem Schwedischen von Birgitta Kicherer © 2011 Moritz Verlag, Frankfurt am Main; **S. 193** o.re.: René Goscinny et Jean-Jaques Sempé, „Le départ", extrait de Les Vacances du Petit Nicolas, IMAV éditions, 2013; u.re.: René Goscinny/Jean-Jacques Sempé: Der kleine Nick und die Ferien. Zürich: Diogenes 2006;